言葉と衣服

蘆田裕史

ADACHI PRESS

言葉と衣服　目次

はじめに

第一章　ファッションデザインとは何か

第二章　スタイルと装飾

第三章　モダニズム再考

第四章　衣服と身体

凡例

一　外国語文献の引用にさいしては、既訳のあるものは各章末の註に出典を示した。ただし、本書の文脈に応じ、原文を参照して訳文を変更した箇所がある。

二　引用文内の［　］は引用者による補足を示す。また、傍点は引用文に即しているが、引用者による場合は引用文の末尾にその旨を明記した。

三　人名の日本語表記は原則として原語の発音に近いものとした。

はじめに

ファッションの定義

私たちは言葉を通じて思考する。換言すれば、言葉は思考の道具であるとも言えよう。道具は適切に使われなければ、その使用の目的を達成することができない。マイナスねじをプラスのドライバーで回そうとしても、テレビのリモコンでエアコンを操作しようとしても、DVDをCDプレイヤーで再生しようとしても、WindowsのアプリケーションをMacにインストールしようとしても、すべて不毛な結果に終わるのみである。また、道具はその用途を果たすことができるよう適切に作られなければならない。ドライバーが直角に曲がっていたり、テレビのリモコンに温度調節ボタンがついていたりといったことはあってはならない。

言葉は明確な指示対象を必要とする。「マカロン」が卵白と砂糖とアーモンドプードルを混ぜて焼き上げたお菓子を指すこと、「寿司」が魚介を中心とするネタとシャリの組み合わせで作られたものを指すこと、「サッカー」が二組のチームによって互いにボールをゴールに運び込もうとするスポーツを指すことなどは、言葉を使う者たちのあいだで共有されていなければ、正しく思考することもできないし、コミュニケーションが成立することもない。それゆえ、思考という行為のためには、あるいはまたコミュニケーションを成立させるには、言葉を適切に作ることが必要となる。しかしながら、後に詳しく述べるように、ファッションにまつわる言葉は現在のところ適切に作られているとは言いがたい。

本書が目指すのは、ファッションにまつわる言葉の定義である。と、言った途端にすぐさま註釈が必要となるのだが、実のところ「ファッション」という言葉の指示対象がそもそも明確ではない。それゆえ本章ではファッションがどのように定義――整理と言ったほうがよいかもしれない――されうるのかを検討する必要がある。もうひとつ本章で行いたいのは、衣服について思考することの意味の共有である。本書のベースになったテクストは、基本的には批評として書かれたものである。だが、それを下支えしているのはファッションに関するアカデミックな研究である。ファッション研究――近年、欧米ではファッション・スタディーズと呼ぶことが多くなっている――が現在どのような状況にあるのか、そこも議論しておかねばならないだろう。それによって、本書の射程がより明確になるはずである。

衣服について思考すること

私たちは毎日衣服を身につけて生活している。それに疑問を抱く人はほとんどいない。だが、「私たちはなぜ衣服を着るのか」、あるいは「私たちにとって衣服とは何なのか」といった問いにすぐさま答えられる人はなかなかいないはずだ。それはなぜだろうか。

衣服は私たちにとって日常的、より厳密に言えば日常的なものでありすぎるがゆえに、その存在がことさら気にとめられることがない。私たちは生まれてすぐ衣服を与えられ、それ以降の人生のほとんどすべての時間において衣服を着て生活する。さらには、死後も棺のなかで衣服を着せられ、衣服とともに消えゆく存在である。

美術史家のケネス・クラークは、美術史における裸体の表現をめぐって次のように述べている。

> 英国語は、巧みに幅広くその語彙を活用し、はだか（naked）と裸体像（nude）とを区別している。はだかであるとは着物が剝ぎ取られているということであり、そこにはたいていの者ならそんな状態になれば覚えるはずの、当惑の意が幾分か含まれている[*1]。

「はだか」の説明として「着物が剝ぎ取られている」という表現が用いられているのは興味深い。というのも、一般には、「生まれたままの姿」を自然な身体とし、着衣の状態にこそ人為性が見出されると考えるのが普通だとされるからである。しかしながら、クラークはそれを反転させ、着衣の状態が自然であり、はだか（＝脱衣）の状態が不自然だというのである。生物学的な存在として人間を見るのであれば、脱衣の状態こそが自然なのだろうが、社会的な存在としての人間は着衣の状態がデフォルトであり、そこに脱ぐという行為がくわえられたのが「はだか」なのである。

そのように考えれば、「自然な身体」という考え自体が揺らいでくる。このことは近年のジェンダー論の考え方とも通底するだろう。ジェンダー論において、ジェンダーを社会的な性とし、セックスを生物的な性とするという考えには反論も出てきている。たとえばジュディス・バトラーはセックスも社会的に構築されたという立場を取る。[*2] バトラーによれば、男性器／女性器によって性を分類するというのは、性器にのみ注目する私たちの視点が反映されているからである。たしかに、足の親指と人差し指のどちらが長いかで人間を二通りに分けることもできるし、血液型で四通りに分けることもできる。よくよく考えてみれば、性器によって人間を二分する必然性があるとは言いがたい。一般に、胎児は妊娠中の超音波検診で男性器の有無を見て性別が判断されるが、それは男性器に意味が付与されているがゆえのことで、そのときすでに性が構築されはじめているのだ。

裸についても同様である。私たちは生まれてすぐに衣服を与えられ、身体を隠される。たとえばこのような場面を想像してみよう。あなたの姉か妹が出産をし、赤ちゃんの顔を見に病院を訪れる。病室に入ると、赤ちゃんがベッドに裸で横たえられている。そのとき、あなたは「いま着替え中なのか」「おむつ替えをしているところかな」「これから沐浴なのだろうか」と想像する。生後数日の新生児でさえ、すでに着衣で存在することを期待されているのであって、「衣服が剝ぎ取られた状態」にはさまざまな意味が付与されてしまうこととなる。つまり、私たちは生まれてすぐに着衣的存在となるがゆえに、ニュートラルな裸などもはやありえないのである。

最初の問いに戻ろう。「私たちはなぜ衣服を着るのか」という問いに対して、ほとんどの人は「着るのがあたりまえだから」「着ないと恥ずかしいから」などと答えるにちがいない。なぜなら、上述のとおり、社会的存在としての人間は着衣の状態がデフォルトであるため、それがない状態を考えることができないからだ。

哲学者のアンリ・ベルクソンが指摘するように、私たちは日常生活においていわばヴェールに覆われた状態にいる。[*3] 私たちは世界のありようをそのまま受け取るのではなく、さまざまな差異をヴェールで隠して見ないようにしている。たとえば、信号機の赤は電球の種類、使用時間、汚れ具合、個体差などによってその色味が微妙に違うはずである。あるいは、八百屋やスーパーに並んでいる果物や野菜を買うときに、必要以上に個体間の差異を気にすることはしない。もちろん、傷や汚れ、鮮度などを購入の判断材料にすることはあるが、いちいち秤で計量し、重さが違うということを理由にクレームをつけるようなことはしないはずだ。そもそも、重さは量ることができるが、おいしさは数値化することができない（糖度のように数値化される味もなくはないが）。信号機にせよ、リンゴにせよ、そんなことを気にしていては日常生活が成り立たなくなるからだ。この信号機はあの信号機と違う赤だから、ここでは止まる必要がないなどと考えてしまうと事故にあってしまうだろうし、果物や野菜の細かな差異が気になってしまったら、スーパーの閉店時間を過ぎても買い物を終えることができないだろう。つまり、私たちは日常的実践の数々において現実を直視できない存在なのである。ちなみに、ベルクソンはそのヴェールを取り去るのが芸術／芸術家の役割だと考えている。

たとえば「芸術が現代社会において必要なのか」という問いは議論しやすい。芸術の必要性を肯定するにせよ否定するにせよ、その議論のしやすさは芸術が非日常的なものであることに起因する。非日常的であることは、自分自身の問題と切り離して考えることと直結するから、すなわち客観的に思考することができるからであろう。だが、日常的なもの、つまりすでに起こってしまっている事実についてはそうではない。「衣服が現代社会において必要なのか」という問いを立てることはなかなか難しい。というのも、すでに衣服を身につける習慣を身につけてしまっている私たちは、論理的には衣服の必要性を否定しえたとしても、いざ自分が明日から裸で生活することにはためらいが生じてしまうからである。

私たちが衣服を着る理由を尋ねられたとき、羞恥心を脇に置くならば、身体を保護するためだと答える者が多いにちがいない。私たちは雪の降る冬の日に裸で外にい続けることはできない。それゆえ衣服は必要なのだ、と。このような回答に対しては、SF小説においてしばしば見られるような、ドームに覆われた街を想像してみよう。これは、雨が降ることも雪が積もることもなく、気温も完全にコントロールできる街だ。はたして、先ほどのような回答をした人は、この環境に身を置くのであれば喜んで服を脱ぐだろうか。答えは否である。先にも述べたとおり、私たちは着衣の状態に慣れてしまっているため、そう簡単に衣服を手放すことはできないのだ。

別の事例を考えてみよう。近年、エシカルファッションという言葉をしばしば耳にする。[*4] エシカルファッションにはいくつかの要素があるが、そのひとつに動物愛護がある。そこでしばしば槍玉に挙げられるのが毛皮の使用である。動物を殺さなければ手に入れることのできない毛皮を使わなくても私たちは特段困ることはない。それゆえ、衣服を作るにあたって毛皮を使う必要性はないというのがよく言われる論理である。たしかに、寒さから身を守るという目的を実現するにあたって、どうしても毛皮を利用しないといけないという必然性はない。では、医薬品はどうだろうか。医薬品は無数に行われる動物実験を経て、人間への効果と安全性が実証されるものである。だが、私たちが動物を殺してまで生きながらえることの正当性はどこにあるのだろうか。あるいは、食物も同様である。私たちは肉や魚、野菜を食べることによって栄養を摂取し、生きながらえているが、たとえば豚肉を食べる必然性はまったくない。タンパク質を摂取するためには鶏肉でも牛肉でも、マグロでも鮭でも構わない。だが、私たちは豚肉を食べる。言ってみれば自身の快楽のために。そう考えれば、毛皮を使うことと豚肉を食べることは、等しく必然性がないはずだ（念のため言い添えておくと、筆者は毛皮の使用に積極的に賛同しているわけではない）。動物愛護の観点から毛皮に反対する者のなかには、エコファー――化学繊維で作られた、いわゆるフェイクファー――の使用を推奨する者もいる。しかしながら、エコファーはエコファーで、マイクロプラスチックの排出の原因となることが指摘されている。動物を殺すことと環境を汚すことを天秤にかけて、どちらかを取ることなどできないだろう。これらの事例においては、日常的な実践であるがために感情や先入観が先立ち、論理的な思考の対象となりにくいために冷静な議論がなされにくいのではないだろうか。

さて、少し回り道をしてしまったが、ここで考えたかったのは「私たちはなぜ衣服を着るのか」という問いであった。いま述べたように、日常的な行為について思考することが難しいのであれば、まずはそれを非日常的なものとして思考すればよいだろう。つまり、問いを別様に立ててみればよい。すなわち、「ヒトはなぜ衣服を着はじめたのか」と。いま私たちが衣服を着ているのは自明の事実だが、私たちの祖先はもともと裸であったことも同様に自明の事実である。ヒトが衣服を着ていなかった時代においては裸こそが日常であったため、それまでの日常において存在しなかった衣服というモノ／概念がある時点において到来したと言える。ヒトが衣服を着はじめた起源を考えることで、衣服について考える手がかりを得ることができるはずである。

なぜヒトは衣服を着はじめたのか

服飾史について書かれた本を繙《ひもと》くと、しばしばヒトが衣服を着はじめた理由について述べられている。そこでは主に次の五つの理由が挙げられている。すなわち、保護、表示、羞恥、装飾、呪術である。裸で生活していたヒトが衣服を欲した理由としてまず考えやすいのは、身体の保護である。わかりやすい例としては、先にも述べたように、寒さから身を守ることがある。あるいはまた、狩りのために裸で山に分け入ると、木々の枝や草、あるいは動物からの攻撃によって傷を受けることが推測されるが、衣服的な何か――おそらくそれは毛皮であっただろう――を身につければ、身体的なダメージを防ぐことができたということもありえるだろう。

表示とは身分や所属を表すことである。熊のように簡単に狩ることのできない、言ってみればレアな動物の毛皮を部族の長だけが身につけたり、ある集団やコミュニティの構成員が同じ徴《しるし》――たとえば赤いネックレスなど――を身につけたりすることがそれにあたる。現在であれば、医者の白衣や学校の制服などを思い浮かべればわかりやすいだろう。

羞恥は身体（の一部）を露出することが恥ずかしいがために、それを隠すことである。先にも述べたとおり、私たちがすぐさま衣服を捨てることができないというのは、これがもっとも大きな原因である。

装飾はネックレスやブレスレットなどのアクセサリーのことを思い浮かべれば理解されやすい。海の近くに住む人が、海岸に落ちていた貝殻に美しさを見出し、それでネックレスを作ったとしよう。そのネックレスは身体を保護してくれることもなければ、何かを表示することもない。もちろん、羞恥心を覆い隠すものでもない。このアクセサリーの役割は身体を彩ること、すなわち装飾であることがわかる。

呪術は儀式と言い換えてもよいだろう。ふだんは裸で生活をしている部族が、山に現れた熊を退治しにいくとする。当然のことながら、熊を退治するのは危険が伴う行為であり、死傷者が出る恐れすらある。そこで彼らは以前仕留めた熊の毛皮をまとい、自分たちは熊より強いという暗示をかけつつ、テンションを上げていく。こうした儀式、祈り、呪いのために服を着はじめた人たちもいるかもしれない。

ただし、すぐさまここで留保をつけなければならない。上記の五つの理由のうち、ひとつだけヒトが衣服を身につけはじめた理由として不適切なものが含まれている。それは羞恥である。私たちが羞恥を覚える理由としては、着替えているところ（＝裸や下着）を見られたとき、トイレで用を足している姿を見られたとき、内緒にしていた秘密を誰かに知られたときなどが考えられるだろう。ここに共通しているのは、何かが暴かれたという事実である。そこで暴かれる何かは、暴くという行為に先だって、必ず隠されていなければならないことに注意しよう。露出しているものを暴くことは不可能であるため、原理的に衣服より羞恥心が先に来るはずはない。ではなぜ羞恥が「衣服を着はじめた理由」として挙げられるのか。それは『旧約聖書』のアダムとイヴのエピソードを思い出せばすぐさま理解される。アダムとイヴが禁断の実を食べて羞恥を覚え、性器をイチジクの葉で隠したという誰もが知る話によって、順序が入れ替えられてしまっているのである。

衣服を身につけはじめた理由のうち、もっとも理解しやすいものが「保護」であるが、歴史を振り返ってみれば、衣服は必ずしも身体を保護するものではなかった。[*5] 内臓を圧迫し、身体にダメージを与えるにもかかわらず女性たちが身につけたコルセットや、中国で長い間行われていた纏足《てんそく》がその代表例である。こうした例を出すと、ひょっとすると「それは過去の話であり、合理的な現代人は身体を保護することのない衣服など着ないはずだ」と考える人がいるかもしれない。だが、現代でも足に負担のかかるハイヒールをはく人は少なからずいるし、日本の真夏に着るスーツなども同様である。湿度の低いヨーロッパであれば真夏でも日陰に入ればそれなりに涼しいため、スーツで過ごすことも不可能ではない。だが、高温多湿の日本で真夏にスーツを着る行為は、身体の保護という概念とは真逆に位置するだろう。つまり、現代においても衣服は身体を保護するものではないどころか、身体を痛めつけるものである場合がある。

ここで明らかになるのは、ヒトが衣服を着はじめた理由は現代までそのまま残っているというわけではないことである。私たちの祖先が身体の保護を目的に衣服を着はじめたとしても、私たちは必ずしも身体を保護するために衣服を着るわけではない。当然といえば当然であるが、時代が変化するにつれて、衣服を着る理由は変わるのである。にもかかわらず、現代における衣服の意味は十分に明らかになっているとは言いがたい。

ファッション研究の現在

これまで、さまざまな哲学者、社会学者、服飾史家、デザイン史家、精神分析学者、文化人類学者などがファッションを論じてきた。日本では、その筆頭として鷲田清一が挙げられる。鷲田は一九八〇年代にファッション誌『マリ・クレール』で、彼の専門である現象学をベースにしたファッション論を発表した。それがまとめられた著作『モードの迷宮』はいまなお、ファッション論の基本文献となっている。古今東西の文献からファッションについて直接的・間接的に語られた箇所を参照しながら構築されたファッション論はいまなお重要であることは間違いないし、何度読み返しても新たな発見がある良書である。しかしながら、先にも述べたように、時代が変われば衣服のあり方も変わる。事実、『マリ・クレール』の連載から三〇年以上を経たいま、鷲田の論が古びている部分、時代が先に進んでしまったために分析がなされていない対象が散見されるのである。

その最たるものがインターネット以降の社会や人間のあり方である。一九九五年のWindows 95の発売によって一気に普及したインターネットは、新たな身体を生み出した。それはいわばヴァーチャルな身体であり、リアルな身体のみに着目した鷲田的な身体論では十分な分析をすることができない。あるいはまた、流行を生み出すメカニズムもインターネットの普及によって大きな変貌を遂げた。雑誌が主要な流行の発信源だった一九八〇年代と異なり、現在は「雑誌が売れない時代」であり、インスタグラムのようなＳＮＳやYouTubeから生まれる流行もめずらしくない。このように、少し考えてみただけでも、一九八〇年代と現在とでは大きな差異があることがわかるだろう。にもかかわらず、鷲田以降のファッション論はまだまだ少ない。そのことは日本のファッション研究の大きな問題である。

一方、欧米では一九九〇年代以降、ファッション・スタディーズの名のもとにファッションを学術的なテーマとして取り上げる研究者が増えつつある。だが、そこでもファッションに明確な定義が与えられているとは言いがたい。というよりむしろ、ここ最近までファッションというカテゴリーを狭小なものとしてしまう傾向にあったと考えられる。たとえばジョアン・エントウィスルは『ファッションと身体』において、次のように述べている。

社会学、歴史学、文化研究、心理分析、社会心理学などといった近代的学問分野においてなされた研究においては、（中略）ファッションは、一四世紀にヨーロッパの宮廷において出現し、とりわけルイ一四世治下のフランスの宮廷において、商業資本主義の勃興とともに発展した衣服の生産と編成のための歴史的・地理的に特有なシステムとして理解されている。[*6]

エントウィスルは「ファッション」を「歴史的・地理的に特有なシステム」、すなわち西洋近代に特有のものであると考える。エントウィスルはさらに、そうした見解を西洋中心主義だと批判する論者が結局ファッションを定義できていないなどとして、その考えをにべもなく退ける。

また、ファッションに関する著作をいくつか発表しているフランスの文学研究者フレデリック・モネイロンは次のようにファッションを定義している。

ファッションは、個人に最高の価値を認める社会の誕生と分かちがたく結びついている。それは、共同体としての全体に価値を置く伝統的な社会に時間をかけて代替していった、西洋独自の社会だ。中世以来、宮廷内で服装の流行が存在していたのは確かだが、しきたりや習慣を伴う社会現象として本当の意味でのファッションが生まれたと考えられるのは一九世紀に入ってからだ。[*7]

モネイロンがフランス人であることをふまえれば、これはフランス革命を念頭に置いていると考えられる。フランス革命以前は一般大衆が自分の着たい服を着るなどということは許されておらず、身分によって服装が規定されていた。その後、フランス革命によって市民が服装の自由を手に入れることとなった。モネイロンはそこにファッションの誕生を見ているのであろう。

こうした見解はエントウィスルやモネイロンだけにとどまらない。むしろ欧米では二〇〇〇年以降になってもこのファッション観が主流であり続けたと言っても過言ではないだろう。ラース・スヴェンセンの『ファッション——哲学的エッセイ』(原著二〇〇四年)[8]でも、レベッカ・アーノルド『ファッション入門』(二〇〇九年)[9]でも、ルネサンス期の西洋においてファッションが生まれたという前提から出発している。

たしかにエントウィスルらのように、ファッションをルネサンス以降、あるいは近代以降の西洋に特有のものだと定義することは、ひとつの視点としては可能だろう。だが、その定義では、そこからこぼれ落ちるものがあまりに多すぎないだろうか。たとえば、私たちが衣服を着る理由について考えること、ヴァーチャルな世界の衣服のあり方について考えること、コンゴのサプールと呼ばれる人たちについて考えること、古代ギリシアの服装について考えること、そのどれもがファッション論の範疇でなくなってしまう。それでファッションの本質が本当に理解できるのだろうか?

実のところ、ファッション・スタディーズにおけるこの西洋中心主義を批判する研究者も最近になってようやく増えてきている。たとえば二〇一八年に出版されたリンダ・ウェルターズ&アビー・リルサンは『ファッション史──グローバルな観点』において、彼女たちは「中世後期以前にはファッションが存在しなかった」という主張と「西洋以外にファッションが存在しなかった」という思い込みを棄却することを目指すと語っている。[*10] これはエントウィスルやモネイロンらの西洋中心主義に対する、西洋の内側からの批判である。その意味では、欧米のファッション研究もようやくスタートラインに立ったところである。だが、スタートラインにあるということは、やはりファッションの定義に関してはいまだ十分とは言えないのが実情である。そこで、まずは彼女たちによる「ファッション」の定義を見てみよう。

ウェルターズ&リルサンは次のように述べている。ファッションとは「あらゆる時代と場所においてあるひとつの集団が取り入れた、変わりゆく衣服や外見の様式[*11]」である、と。ウェルターズ&リルサンのようにファッションの定義をできる限り広げようとする者は他にもいる。『20世紀モード史』の著者であるブリュノ・デュ・ロゼルもファッションに同様の定義を与えている。彼はファッションを「ひとつの人間集団が、その歴史のなかのある一定の期間に示した衣服による表現[*12]」と定義する。たしかにエントウィスルのように、ファッションをごく狭いカテゴリーに押し込めてしまうのも問題だが、ウェルターズ&リルサンやデュ・ロゼルのようにあまりに茫洋と定義してしまうのも、定義という行為自体に意味がなくなってしまう。では、どのように解決すればよいのか。筆者の考える解決策は、一言で説明することのできないファッションを分節しながら定義していくことである。以下、ファッションを三つの様態に分けて考察する。

ファッションの三つの様態

メトロポリタン美術館のコンサヴェーターであるサラ・スカトゥッロは、「モノとしてのファッション」と「システムとしてのファッション」とを区別しながらファッションの作品を修復することの難しさについて論じている。[*13] 彼女はテキスタイルの修復と比較しながらファッションの修復の特性について考察する。衣服は実際に着用されることによってシミやすり切れが生じたり、あるいは着用者の体型にあわせて丈を詰めるなどの修正が行われたりする。ファッションをモノとして、つまり一着の衣服として見た場合、単に着用したことによるダメージを補修するというのであれば、それはテキスタイルの修復と近しいものになる。一方、ファッションの価値——新しさや同時代性など——を考えた場合、その衣服が作られたときの状態に戻す必要があるのではないか、と彼女は考える。

衣服が着用者によって実践されるモノでもあることを正しく見て取っているスカトゥッロ

の見解はこれまでよりも一歩進んではいるものの、それでもなお不十分である。というのは、モノとしての衣服それ自体は、ファッションデザイナーがデザインしたもの(=作品)であると同時に、着用者が自らのアイデンティティを表明するための材料でもあるからだ。そのように考えるなら、モノとしての衣服はさらに二つの様態に分類しなければ正しく理解できないことがわかる。つまるところ、ファッションは三つの様態に分けるべきだと筆者は考える。その三つとは、衣服そのもの、衣服の組み合わせによって作られる服装、そして社会における衣服の現れである。

一つ目の衣服そのものとは、Tシャツやパンツ、あるいはイヤリングや靴などの単体のアイテムのことである。それは単なるニュートラルなモノとみることもできるし、デザイナーによって作り出された制作物とみることもできる。ブランドのネームがついていない白いTシャツに何らかの意図や背景を見出す人はいないだろうが――もちろん、Tシャツの歴史など、その背景に思いをめぐらすことは可能だが――、それがたとえばコム・デ・ギャルソンの「こぶドレス」であれば話は変わってくる。その衣服はモノとして存在するだけではなく、デザイナーの川久保玲の意図が組み込まれたものとして(つまりデザインされたものとして)考える可能性が生じるだろう。もちろん、ノーブランドの無地のTシャツであっても、その背後には必ずその商品を生産した人がいるのだが、それが顕名か匿名かで大きな違いがあるのは避けがたい事実である。

二つ目の様態は、個別のアイテムを組み合わせることによって人々が作り出す「服装」である。これはいわばユーザーによる実践であり、そこに現れる意図はデザイナーのものではなく、ユーザーのものである。つまり、ここにおいて衣服はデザイナーから切断されることとなる。この服装とは、アイテムの順列組み合わせだけの問題ではない。それをどのように着るのか、すなわち「着こなし」も問題となる。たとえば同じシャツとパンツの組み合わせであっても、シャツの裾をパンツのなかに入れるか外に出すかで印象が変わるからだ。

三つ目は、社会において衣服や服装が作り出す現象である。一人の人間が特定のアイテム、たとえばスキニーのジーンズをはいていても、それは個人的な行為でしかないが、同時多発的に複数の人間がそれをはいていれば、「流行」という現象になる。それはアイテムだけでなく、着こなしなどにもあてはまる。

スカトゥッロも指摘するように、使い古された衣服には着用者の身体の痕跡――スカトゥッロはそれを亡霊的身体と呼ぶ――が現れる。しみやすり切れもそうだが、スカトゥッロがとりわけ議論の俎上にのせるのは、衣服の改変、いわゆる「お直し」である。テキスタイルのコンサヴェーターであれば、それをそのまま保存すべきだと考えるのであろうが、ファッションのコンサヴェーターは別の判断基準を持たねばならないとスカトゥッロは考えている。彼女は、着用者の亡霊的身体はファッションの保存にとって好ましいものではなく、より重要なのはデザイナーの意図が現れているオリジナルの姿だというのだ。
だが、このスカトゥッロの主張は、ファッションの定義の曖昧さゆえに生じるものである。先に述べたファッションの三つの様態は、どれも等しく重要であり、スタイリングというユーザーの実践もないがしろにしてはならない。用語を厳密に使うのであれば、スカトゥッロが提案しているのはファッションの保存ではなく、ファッションデザインの保存なのである。ファッション研究がこれだけ進んだいまなおファッションとファッションデザインが混同され、定義が曖昧なまま放置されているがために、ファッションの理解が進んでいないのが現状なのだ。

このように、ファッション研究というアカデミックな場でさえ、言葉の定義が適切になされていないことがわかるだろう。もちろん、一人の見解がすべての研究者や批評家の同意を得ることは難しい。とはいえ、ファッションあるいはファッションデザインの批評や研究を行うためには、少しずつでも道具を作っていくほかない。これは「ファッション」のような大きな言葉だけの話ではない。そのなかで使われるさまざまな小さな言葉も同様である。そのような小さな言葉について、次章から定義を試みていこう。

*1　ケネス・クラーク『ザ・ヌード』高階秀爾他訳、筑摩書房、二〇〇四年、一八頁。

*2　ジュディス・バトラー『ジェンダー・トラブル――フェミニズムとアイデンティティの攪乱』(新装版)竹村和子訳、青土社、二〇一八年。

*3　アンリ・ベルクソン『時間と自由』中村文郎訳、岩波書店、二〇〇一年。ベルクソンの芸術論については篠原資明『トランスエステティーク』岩波書店、一九九二年に詳しい。

*4　エシカルファッションについては『Ethical Fashion Japan』(https://www.ethicalfashionjapan.com)に簡潔にまとめられている。

*5　後述の鷲田清一のファッション論はこの観点から出発している。たとえば『モードの迷宮』筑摩書房、一九九六年を参照のこと。

*6　ジョアン・エントウィスル『ファッションと身体』鈴木信雄監訳、日本経済評論社、二〇〇五年、六四頁。

*7　フレデリック・モネイロン『ファッションの社会学』北浦春香訳、白水社、二〇〇九年、一四頁。

*8　Lars Svendsen, *Fashion: A Philosophy*, Reaktion Books, 2006.

＊9 Rebecca Arnold, *Fashion*, Oxford University Press, 2009.

＊10 Linda Welters and Abby Lillethun, *Fashion History: A Global View*, Bloomsbury Academic, 2018.

＊11 *Ibid.*, p. 16.

＊12 ブリュノ・デュ・ロゼル『20世紀モード史』西村愛子訳、平凡社、一九九五年、一七頁。

＊13 Sarah Scaturro, "A Materials- and Values-based Approach to the Conservation of Fashion," ICOM-CC Triennial Conference, Copenhagen, Denmark. 2017. 以下のＵＲＬからダウンロード（最終確認日：二〇二〇年一〇月二〇日）。https://www.researchgate.net/publication/319619832_A_Materials-_and_Values-Based_Approach_to_Fashion_Conservation

第一章　ファッションデザインとは何か

ファッションとファッションデザイン

一般的なファッション業界のシステムでは、さまざまなブランドが春と秋に新作——コレクションと呼ばれる——を発表する。それに続いて、雑誌やウェブメディアがコレクションの写真とレポートを掲載する。たとえばこんな風に。

今シーズンのコレクションは「モダニズム」がテーマ。装飾をそぎ落としたシンプルなブラウスと直線的なラインのパンツのコーディネイトがクリーンな印象を与えている。さらに、ワークウェアからインスピレーションを受けたアイテムは機能性も十分。エレガントなミニマリズムはこのデザイナーが長年築き上げてきたスタイルの到達点だ。

たしかにこれを読めば、ブランドがどのようなテーマを掲げて、どのような服を発表したのかわからなくはない。とはいえ、こうしたテクストは何がしかの意味を持ちえているのだろうか。

ロラン・バルトは『モードの体系』でファッション雑誌のテクスト――バルトの表現を借りれば「書かれた衣服」――を分析したが、そこで次のように語っている。

> 計算だかい産業社会は宿命的に、計算しない消費者を育成しようとする。もし衣服の生産者と購買者が同一の意識をもっていたとしたら、衣服の購買は（そして生産も）その消耗に応じて、ひどく緩慢にしかおこなわれないだろう。（中略）買い手の経済意識を煙に巻くために、対象（物）の前にイメージや理由や意味のヴェールをかけ、その周囲には食欲をそそるような間接的な実体をたくみに構築し、要するに現実の対象の擬似物を創り出す必要がある。[*1]

産業社会は消費を喚起するために、商品に「意味のヴェール」をかけているとバルトは言う。ヴェールの役割は中身を見えにくくする、あるいはぼかすことである。それゆえ、使われている言葉の意味がわかりにくければわかりにくいほど役割を果たせることになる。まさにこれは冒頭に掲げた（架空の）コレクションレポートにあてはまるだろう。

コレクションレポートはほとんどの場合、ブランド側からのプレスリリースをなぞるか、あるいは発表された服のディスクリプションを行うだけである。バルトが指摘するように、ディスクリプションに使われる言葉は一見わかりやすく聞こえるものの、それが具体的に何を意味しているのか考えると途端にわからなくなるようなものばかりである。たとえば「エレガント」とはどのような服のことを言っているのだろうか。その指示対象をぼんやりと頭で浮かべることはできるかもしれないが、はっきりと説明するのは難しい。そもそも、ぼんやり頭に浮かんだイメージは自分だけのものであり、他人と共有できている保証はない。そう考えると、「エレガント」は意味を持たない言葉だと言っても過言ではないだろう。

しばしばファッションには批評が存在しないと言われる。美術や音楽、あるいは映画や建築などさまざまなジャンルに批評があるにもかかわらず。ただ存在しないのであれば、誰かがはじめさえすればよい。だが、批評をはじめようにもそう簡単にははじめられない理由がある。それがこの言葉の問題である。

ファッションの世界では、とかく言葉が曖昧に使われる。前章で述べたとおり、そもそも「ファッション」なる語が一体何を意味しているのか判然としないのだ。日常的な用法としては、衣服そのもののことを指す場合もあれば流行という現象を意味することもある。学術的なテクストにおいてもやはり研究者によってその用法はばらばらで、（衣服以外の）流行一般に使われる場合もあれば、西洋近代に特有のシステムだと考える者もいる。通常、各ジャンルに固有の語法は理論家や研究者、あるいは批評家が概念規定を行い、それに対する批判的な検討がくわえられることによって次第に明確なものとなってくる。だが、ファッションは残念ながらそうしたプロセスを経てきてはいない。

たとえば「モダニズム」という言葉は、デザインや建築の分野では一九二〇年代を中心に装飾を排した「機能主義」や「合理主義」を表す語として用いられており、この分野における共通理解が得られている。美術に目を向けてみると、批評家のクレメント・グリーンバーグが一九六〇年発表の論文「モダニズムの絵画」でこの概念を「絶えざる自己批判による純化のプロセス」と捉え、絵画に固有の特徴である平面性を強調した作品をモダニズムの絵画と定義した。グリーンバーグのこの定義はいまなお美術史および美術批評において強い影響力を持っている。では、ファッションはどうだろうか。しばしばファッションのモダニズムをシャネルに帰する見解があるが、それは「シャネルの服には装飾が少なくて機能的であるし、バウハウスなどと同じ一九二〇年代に活動していたから」といったように、他分野の概念を何とはなしにあてはめただけのものである。もちろん他分野を参考にすること自体は問題ない。ファッションは美術や音楽と異なり、理論や歴史といったインフラが整備されていないため、むしろ積極的に他分野の概念を参照するべきであろう。だが、気をつけなければならないのはファッションの固有性を考慮に入れることである。ジャンルが違えば歴史も、制作の技法や素材も、目的も違うため、概念をそのまま適用することはきわめて困難であるからだ。

ファッションと美術とでは歴史も制作の手法も異なることは誰の目にも明らかだが、ファッションとデザインではどうだろうか。ファッションデザインやファッションデザイナーという言葉があることを考えると、ファッションはデザインの一部であり、それぞれを批評する言語は共通するようにも思われる。デザインというジャンルのなかには、ファッションデザインのほかにもグラフィックデザイン、インテリアデザイン、プロダクトデザイン、テキスタイルデザインなどいくつかのサブジャンルがあり、それら以外にも、「デザイン」の語はつかないとはいえ建築もまぎれもなくデザインのなかの一分野だと言える。同様に芸術というジャンルのなかには文学や美術や音楽や演劇などのサブジャンルがあり、それぞれに共通する要素がある。[*2] とはいえ、文学理論を美術に、あるいは音楽理論を文学にそのまま適用することができないことを考えれば、デザインなる言葉で一括りにできるからと言って、各サブジャンルの理論が必ずしも共通することばかりでないことは容易に理解されるだろう。事実、歴史的な観点からしても、一般的なデザイン史の教科書の記述ではウィリアム・モリス以降のプロダクトデザインとグラフィックデザインが議論の中心となっており、そこに「ファッションデザイン史」は含まれない場合がほとんどである。

その原因のひとつとして、「ファッション」と「ファッションデザイン」が明確に区別されていないことがあるのではないだろうか。たとえば「ファッション史」と「ファッションデザイン史」は意味合いが違うはずである。前者は「服装の流行」の歴史であり、後者は「デザイナーによって制作された衣服」の歴史である。それゆえ、ファッション史は古代までさかのぼることができる一方で、ファッションデザイン史の出発点は近代に設定されることとなる。しかしながら、日本のみならず欧米でもこの両者が区別されることはまったくと言っていいほどない。つまり、ファッションデザイン史をファッション史と分けて考えることがないかぎり、デザイン史にファッションデザインが含まれることは難しいだろう。

批評についても話は同様である。ファッションに関する批評は通例「ファッション批評」と称する。流行や消費といった社会現象の分析であればこの語法で何ら問題はないが、作家論や作品論、すなわちファッションデザインという行為によって作られたモノを論じる行為は本来ならば「ファッションデザイン批評」と名指さなくてはならないのではないだろうか。もしかすると、何を些細なことにこだわっているのかと思われるかもしれない。だが、名称は存在とまでは言わずとも、少なくとも認識には関わる問題である。たとえば私たちは虹は七色だと思っている。虹が七色のモノとして存在しているわけではないのに、虹の色に七つの名称しか与えられていないがために七色としてしか認識できない。名称を持たないものは捨象され、人の意識の上では存在しないに等しいのだ。それゆえ、「ファッション批評」と「ファッションデザイン批評」のどちらの名称が適切なのか問うことからはじめなければ、ファッションに関する批評は不可能だと言えよう。

それでは、ファッションデザイナーの作品を批評する用語としては「ファッションデザイン批評」が適切だと言いさえすれば、それで万事うまくいくのだろうか。もちろんそうではない。冒頭で述べたように、コレクションレポートの類で用いられる言葉はきわめて曖昧で、内実を伴っていないに等しい。それゆえまずは言葉を(再)定義することからはじめなければならない。そうしてようやくファッションデザイナーたちの作品の批評が行えるようになるだろう。

ここまでの議論で前提が共有され、ようやくスタートラインに立つことができた。だが、実のところこれだけではスタートを切るには不十分である。というのは、「ファッションデザイン批評」が「ファッションデザイン」を批評する行為だとして、「ファッションデザイン」がいかなる概念なのか、いまだ明確にされていないからだ。私たちはすでに「ファッション」と「ファッションデザイン」を区別したが、「デザイン」が何を意味するのかについては留保をつけていた。そこで本章では、まず「デザイン」という言葉について考えることにしたい。そうすることで、ようやく本当のはじまりを迎えることができるはずである。

デザイン＝外観なのか

デザイン――誰もが知っている言葉であり、かつ日常的に使う言葉であるが、この言葉は正しく理解されていない。

まず手はじめに具体的なシチュエーションを考えてみよう。私たちはしばしば家電量販店でデザインという言葉を使う。「この冷蔵庫はデザインのかっこよさがいちばんのポイントですね」とか、「この洗濯機、デザイン性を重視しているから機能はいまひとつなんです」というような会話は誰もが耳にしたことがあるだろう。あるいはまた服屋で、「このリボンはデザインでついているだけで、特に意味はないんです」といった説明がなされることもあるかもしれない。こうした表現において、デザインという言葉は「(機能とは無関係の)外観」の意味で使われている。

東京オリンピックの会場となる新国立競技場をめぐる問題でも、デザインという言葉をよく耳にした。紆余曲折を経てコンペに通ったはずのザハ・ハディド・アーキテクツの案が白紙に戻されることになったが、そこでは「斬新なデザインのせいでコストが高くなっているのか否か」が主要な論点となっていた。ここでは高コストの原因が実際に何であったのかは問わない（というか筆者にはわからない）が、ここでもやはりデザインは「外観」の意味で使われていた。だが、本当にデザインは単なる外観のことを指すと理解してしまってよいのだろうか。

デザイン史家のエイドリアン・フォーティーは『欲望のオブジェ』で「デザイン」を次のように捉えている。

> 日常会話のなかでは、人工物にあてはめられたばあい、この言葉はふたつの一般的な意味をもっている。ひとつは、ものの外観をいう。（中略）第二に、「デザイン」という言葉をもっと正確に用いるなら、それは製品を生産するための仕様の準備を指す。（中略）これらふたつの意味を切り離し、別々に扱いたい気もしないではないけれど、それは大間違いというものだろう。つまり、「デザイン」という言葉の特性は、それがこうしたふたつの意味を伝えることであり、それらがただひとつの言葉に結びついていることこそが、まさしくそれらの不即不離の関係をあらわしているからだ。ものの外観は、最も広い意味でいって、それらがどういう条件のもとでつくられたかの結果なのである。[*3]

フォーティーは、「デザイン」という言葉が「外観」と「製品を生産するための仕様の準備」——その製品をどのようなものにするのか考え、企画・設計すること——のふたつの意味を持つことを認めるものの、前者は後者の結果生まれたものだと主張している。つまり、「外観」は「製品を生産するための仕様の準備」と並列すべき概念ではなく、後者を上位概念として捉えるべきだと言っているのだ。

とはいえ、フォーティーの主張も実は十全なものとは言いがたい。なぜなら「仕様の準備」の結果生まれるものは外観だけではなく、構造や機能も同様であるからだ。であれば、一般的に使われているからと言って、「外観」にデザインの語を適用するのは議論を混乱させるだけなのではないだろうか。言葉を定義する際、一般的な用法から出発してしまうとどうしても曖昧さを免れえない。必要なのは前提から問い直すことであるはずだ。それを行ったのが、デザイナーのヴィクター・パパネックである。

一九七一年に『生きのびるためのデザイン』を上梓したパパネックは自身がデザイナーであるにもかかわらず、商業化を極めたインダストリアル・デザインや広告デザインを有害なものとして糾弾した。そこでの彼のデザイン観を確認してみよう。

人はだれでもデザイナーである。ほとんどどんなときでも、われわれのすることはすべてデザインだ。デザインは人間の活動の基礎だからである。ある行為を、望ましい予知できる目標へ向けて計画し、整えるということが、デザインのプロセスの本質である。デザインを孤立化して考えること、あるいは物自体とみることは、生の根源的な母体としてのデザインの本質的価値をそこなうことである。叙事詩をつくること、壁画を描くこと、傑作を描くこと、コンチェルトを作曲すること、それらはデザインである。だが、机のひき出しを掃除し整理することも、埋伏歯を抜くことも、アップルパイを焼くことも、田舎野球の組み合わせを決めることも、子供を教育することも、すべてデザインである。[*4]

パパネックは、モノを作る行為のみならず、計画的な人間の営為をすべてデザインだと考えているのである。絵画や音楽のような芸術も、料理も教育も家事もすべてデザインだと述べるパパネックの主張は、デザインが外観と切り離すことができないというフォーティーの考えとは相容れない。人間の活動のほぼすべてがデザインだとするパパネックの主張はきわめて興味深いが、「アップルパイを焼くこと」がデザインだと言われても、多くの人は煙に巻かれたような印象を受けるかもしれない。だが、実はパパネックと同様に料理をデザインだと考えていたデザイナーが他にもいる。それは二〇世紀イタリアを代表するデザイナー、ブルーノ・ムナーリである。

一九三〇年代から美術家として活動をはじめたムナーリは、ほどなくしてデザインの仕事に手を染めるようになる。その後六〇年代からはデザインと美術についての著作を次々と発表するようになり、八一年に彼のデザイン論の集大成とも言える『モノからモノが生まれる』を上梓する。そこでムナーリは「デザイン」は「企画」と同じ行為だと主張しており、パパネックの見解と軌を一にしている。デザインが外観を指す語だと考えるかぎり、パパネックやムナーリの主張を理解することはできないだろう。

デザインの語源をさかのぼるとまずはイタリア語のディセーニョ（disegno）にたどりつく。ルネサンス美術の重要概念であったこの語について、美術史家の若桑みどりは次のように述べている。

> 今日の「素描」の語源であるこのイタリア語は、もともと「セーニョ」（記号、徴）を描くことを意味し、具象物であれ、抽象物であれ、ある対象に形を与えることを意味した。したがって、それは「造形」という語に等しい意味を本来もっている。一六世紀のアント

ン・フランチェスコ・ドーニは「すべての人はディセーニョする」といっているが、それは万人がなんらかの形を抽象的にせよ、具体的にせよ、つねに創っているものだ、ということを意味する。[*5]

ディセーニョもやはりその対象が必ずしも具象物、すなわちモノである必要性はなかった。それゆえ若桑は「一六世紀には、ディセーニョとは、今日、さまざまに分化しているいくつもの造形上の用語――デザイン、意匠、設計、デッサン、ときには具体的な形をとらないヴィジョン一般――をすべて含んでいたということができる」[*6]と結論づける。ここからディセーニョはパパネックやムナーリが言うところのデザインよりさらに広範な意味を持つ概念であったことがわかるだろう。ただし、ここで若桑がなにげなく用いているであろう「意匠」という言葉には注意が必要である。

現代の日本語ではしばしば「デザイン」が「意匠」と訳されるが、この場合の意匠はモノの外観のことを示している。法的な観点から見ても同様であり、特許庁は次のように意匠の定義をしている。

「意匠」とは、物品の形状、模様若しくは色彩又はこれらの結合であって、視覚を通じて美感を起こさせるものをいい、物品の「部分」のデザインも「意匠」に含まれます。[*7]

ここで使われている「デザイン」がもはや空虚な言葉であることは言うまでもないが、意匠がモノの外観を意味する語として使われていることが容易に理解されるだろう。だが、デザイン史家の樋口孝之らは漢語における「意匠」が「構想」を意味する言葉であること、そして明治期まではその意味で用いられてきたことを指摘している。樋口らの指摘によれば、意匠の読みはもともと「ムナヅモリ」であり、「design」だけでなく「plan」「purpose」「intention」「speculation」などの訳語としてあてられていたという。[*8] 樋口らはまた、画家の高橋由一による「意匠」の用法を調査し、高橋がこの語を「創作主題として作者の思うところをねりあげ、それを構図や構成としてあらわすために構想すること」[*9]として使っていたと解釈している。元をたどれば意匠は辞書的な意味でも、そして美術家による用法でも、モノの外観ではなく人の思考や構想を指す言葉だったのである。よってこの語が「design」の訳語として使われていたことに鑑みれば、元来「デザイン」もモノの外観を表す言葉ではなかったことがわかるだろう。つまり、ムナーリやパパネックの用法こそ、本来的な「デザイン」なのである。

デザインの方法論

ここまでの議論でデザインがどのような概念かを理解することができたが、それが実際にどのようなプロセスを踏むものなのかを見ておこう。ムナーリは『モノからモノが生まれる』でデザインの方法論を解説している。以下、彼のデザインの方法論をパラフレーズしながら追ってみたい。

あなたがケーキ屋を営んでいて、商品のラインナップに何か新しいケーキをくわえたいと思っていたとしよう。まずあなたがなすべきことは「問題の定義」である。新しいケーキというだけでは、何を作ればよいのか考えるきっかけすらつかめないからだ。生菓子を作るのか焼き菓子を作るのかだけでも考えるべきことは変わるし、生菓子を作るとしてもスポンジケーキなのかタルトなのかムースなのかで話は変わってくる。くわえて重要なのは、その目的とターゲットである。記念日のための特別感を与えるケーキなのか、毎日食べても健康を損なわないようなケーキなのか、あるいは卵アレルギーの人でも食べられるようなケーキなのか、その目的を設定せねばならない。この目的にはターゲットが不可避的に付随する。あまり糖分を取りすぎてはいけない子どもなのか、成長期の高校生なのか、あるいは量より質を求める大人向けなのか。この目的とターゲットによって作るものの内容に制限がくわわってくることになる。

次になすべきことは問題の「構成要素」を明らかにすることである。仮にここではベイクドチーズケーキを作ることになったと仮定しよう。ベイクドチーズケーキはどのようなものからできているのか、そこに含まれる要素を洗い出す。チーズ、小麦粉、生クリーム、砂糖、レモン、卵といった材料だけでなく、ケーキのフォルムやサイズなども考慮に入れなければならない。また、焼くための型や梱包のための箱、あるいは価格といった、ケーキそれ自体に関する要素だけでなく、環境的な要素も考えておく必要があるだろう。こうすることで、多くの下位問題を発見できるとムナーリは言う。

その次は「データの収集」と「データの分析」である。企画やデザインをするにあたって、ゼロから自分の頭で考えることは不適切であり、まずはすでに誰かが考え出したものをリサーチするべきである。他店で売られているものとまったく同じものを作っても仕方がないし、既存の商品の欠点を見つけることができれば、より良い商品を作ることが可能となるからだ。こうしてデザインの材料がやっと揃い、ようやく制作に取りかかることができる。

分析したデータに対してすべきことは「創造力」の発揮だとムナーリは考える。ただし、ここで注意しなければならないのは、「創造力」の意味である。この言葉は日本語ではどうしても「ゼロから発想したオリジナリティにあふれるアイディア」のようなニュアンスを帯びてしまうが、ムナーリはあくまでデータ分析によって見出された問題点を解決する行為として考えている。直径一八センチのベイクドチーズケーキの一般的な材料が、二〇〇グラムのクリームチーズと七〇グラムの砂糖と卵一個と二〇〇ミリリットルの生クリームと大さじ三杯の小麦粉と大さじ二杯のレモン汁だったとしよう。たとえば砂糖に注目してみると、この量で甘さは十分か、あるいは逆に足りなくないか分析する必要がある。その際に必ず考慮にいれなければならないのはあらかじめ設定した目的とターゲットである。それをふまえて、収集・分析したデータをどのように改良すればよいのか考える。

次に検討するものは「素材と技術」である。クリームチーズはどのメーカーのものがよいのか、甘味は砂糖でつけるのか、合成甘味料でつけるのか。酸味をつけるのはレモンでよいのか、ゆずやすだちのような別の柑橘類のほうがよいのか。あるいは焼き方はどのような方法がよいのか、どのような機器を使うべきかなどを考えなくてはならない。

そしてこれまでの結果をふまえて「実験」を行う。一般的なレシピよりも甘さを控えめにするとして、それが六五グラムなのか六〇グラムなのか、白砂糖とてんさい糖と和三盆とアスパルテームのどれがよいのか試してみないとわからない。

そうしてようやく「模型」、つまり見本を作ることができ、それが目的とターゲットに照らし合わせて適切かどうか「検証」する。それで問題がなければ「製図」、つまり設計図を作る（料理の場合はレシピに相当する)。

さて、こうしてできあがったチーズケーキの良し悪しはどのように判断されるのか。美味しければそれは「良い」ケーキになるのだろうか。結論から言ってしまうと、答えは「否」である。

ムナーリ自身が明確に述べているように、デザインとは問題を解決する行為である。デザインを行うためには解決すべき問題(=目的)がまず設定されていなければならない。逆に考えれば、問題が解決されていればそのデザインは成功しているといえる。このことは、デザイン批評の問題へとつながる。一例として、新国立競技場と並んで物議を醸したオリンピックのエンブレムの問題を取り上げてみよう。もともと東京オリンピックのエンブレムは佐野研二郎がデザインしたものが使われる予定だったが、ベルギーのリエージュ劇場のロゴに類似しているために盗用を疑われ、エンブレムは結局再公募されることとなった。これはロゴの外観が似ているとされたために起きたことだが、すでに述べたようにデザインは外観がすべてではない。仮にデザインが外観のことだとすると、たとえばエンブレムは「他のものと(視覚的に)似ている/似ていない」だけで糾弾されてしまうこととなる。しかし、佐野がデザインしたエンブレムがリエージュ劇場の盗用とみなすことができるのかどうか、そのエンブレムが「良い」のか「悪い」のか、といった批評的判断を視覚的要素のみで下すことはできない。

前提として、デザインを批評するためには、それがどのような問題を解決しようとしたものであるのかを考えることがまず必要である。そもそもオリンピックのエンブレムは誰が（あるいは誰に向けて）、どのような目的で使うのか。この目的とターゲットが明確にされなければその良し悪しを判断することはできない。デザインはそれ自体で良いとか悪いとかいうものではないからだ。このことは、プロダクトデザインのことを考えるとよりわかりやすくなる。油性ペンは屋外に貼る掲示物に字を書くときには「良い」筆記具となるだろうし、ホワイトボードに使う筆記具としては「悪い」ものになる。あるいは、左利き用のハサミを取り上げて「これは右利き用の私にとっては使いにくい」と主張するのもまた無益なことである。合目的性を抜きにして良し悪しを語るのは不毛な行為でしかない。このような非生産的な議論を生み出す原因は、デザイナーのみならず、デザインを専門とする歴史家やジャーナリストたちが言葉を本来とは異なる意味合いで、しかも曖昧に使ってきたことに起因するだろう。

ブランドのデザイン

さて、ここでようやくファッションの話題に移ることができる。一般に、ファッションデザインとは衣服そのものを作ることの意味で使われる。ファッションデザイン史を振り返ってみると、女性が活動しやすい膝丈のスカートを作ったガブリエル・シャネル、AラインやHラインなどさまざまなシルエットを提案したクリスチャン・ディオールなど、衣服の形態的な側面を語ることに主な力点が置かれている。だが、ここまで述べてきたように「デザイン」という言葉の本来の意味に立てば、ファッションデザインが衣服の形を作ること、あるいは作られた製品の外観を意味することだけにとどまる話ではないことがわかるだろう。そのため、まずはファッションデザイナーと呼ばれる人たちが何をデザインしてきたのか、簡単に歴史を振り返ってみたい。

近代ファッションのはじまりは一九世紀半ばにフランスで活動したイギリス人デザイナー――当時はクチュリエと呼ばれていた――チャールズ・フレデリック・ワースまでさかのぼる。なぜワースが近代ファッションの開始を告げたと言われるのか。それは彼がオートクチュール[*10]と呼ばれるシステムを設計したからである。

ワース以前のシステムでは、仕立屋が顧客の要望を聞きながら服の形を作っていた。言ってみれば、現代の建築やグラフィックデザインと同様のシステムである。ワースはその順序を転倒させ、デザイナー自らサンプルを作り、それを顧客の前で披露した。つまりデザイナー発信のシステムを作り出したのである。さらに、サンプルを披露するにあたってファッションショー――生きた人間に服を着せて歩かせる――を行ったことも新しい試みであった。立体的で、過剰な装飾のついた一九世紀のドレスは、ハンガーにかけられた状態、あるいはフラットな台に平置きされた状態では着たときの形が想像されにくい。そのため、ワースが考案したファッションショーは「顧客（＝ターゲット）」が、「着用時の衣服の形を想像しやすくする（＝目的）」ためのプレゼンテーション法として優れていると言える。

ワースから少し時代をくだると、ポール・ポワレが一九〇六年にそれまで下着として身につけることがあたりまえであったコルセットを必要としないドレスを発表し、女性の身体を解放したと言われる。ファッション史ではこれが通説となっているが、コルセットをつけないドレスの発表はマドレーヌ・ヴィオネも先駆者であることを主張しているし、ポワレ自身は胸部のかわりに足元を束縛し、そのために「女たちは歩くことも、馬車に乗ることもできないと不平を言った」[*11]と自伝で述懐している。それゆえ、この通説は二重の意味で疑わしくもあるのだが、ポワレが評価されるべき点は実はそこではない。彼の最大の功績は「香水の販売」である。ポワレは一九一一年に娘の名前をつけた香水のブランド「ロジーヌ」を設立したのだが、それはどのような意味を持つのか。

現在、ほとんどのブランドのオートクチュール部門は赤字だと言われている。そしてその赤字を補塡しているのは香水の販売による利益である。一見、赤字のオートクチュール部門をたたんで香水部門だけにすればさらに業績が上向きになるように思われるが、そう単純ではない。あるブランドの香水が欲望の対象となるのは、それがパリコレクションでオートクチュールを発表しているような高級ブランドの香水であるという事実に起因するからだ。服によってブランドの名前に高級感を持たせ、その記号性によってビジネスを展開する方法もポワレが行ったデザインだと言えるだろう。

二〇世紀を代表するデザイナーのひとり、ジャン゠ポール・ゴルティエは二〇一五年春夏コレクションを最後にプレタポルテ部門をたたみ、オートクチュールに専念することを発表した。[*12]また、一九九〇年代から二〇〇〇年代前半にかけて一世を風靡したヴィクター＆ロルフもゴルティエと同様にして二〇一五年にプレタポルテから撤退した。どちらもオートクチュールと香水部門は続けており、ポワレに端を発するビジネスモデルは現代にまで脈々と受け継がれていることがわかる。ヴィクター＆ロルフの香水「フラワーボム」は二〇〇五年に初めて発表されたが、実のところ彼らは活動の最初期から香水がブランドのデザインにおいて重要な位置を占めていることに自覚的であった。

ヴィクター＆ロルフはパリコレクションに参加する以前からさまざまな形式で作品を制作しており、一九九六年にはアムステルダムのトーチ・ギャラリーで、ミニチュアを使って撮影した五枚の写真からなる作品《Launch》を発表した。一枚目はデザイン画や試作段階の衣服や裁断された布地が転がっているアトリエの制作風景。二枚目は完成した一揃いの衣服をスタジオでモデルに着せて撮影しているシーン。三枚目は数着の衣服のかかったハンガーラックが置かれているショップの内観で、奥の壁には「VIKTOR&ROLF」のロゴが掲げられている。四枚目ではファッションショーでモデルがランウェイを歩いている。そして五枚目では百貨店のような売り場にショーケースが置かれ、香水の瓶が並べられている。その背後に香水のイメージヴィジュアルがポスターとして提示されている。この一連の写真は、彼ら自身のブランドの将来設計を五つのシーンに象徴させたものである。アトリエで服を作り、撮影を行い、ショップを構え、ファッションショーを行い、そして最後に香水を販売する。つまり、彼らにとってブランドのゴールが衣服ではなく香水にあることが当初から明確に示されていたのである。

日本のファッションデザイナーに目を移してみると、コム・デ・ギャルソンの川久保玲のスタンスを説明するときにしばしば引き合いに出される「ビジネスもクリエイションだ」というフレーズがある。こう発言する川久保はヴィクター&ロルフに近いと言えよう。ただし、「クリエイション」なる言葉はいわゆるマジックワードの類いであり、定義が明確になされているものではない[*13]。それゆえこの発言をそのまま受け取ることはできないが、「ビジネスもデザインだ」と言い換えれば彼女の主張はわかりやすくなる。

川久保は二〇〇二年に「プレイ・コム・デ・ギャルソン」、二〇〇九年に「ブラック・コム・

デ・ギャルソン」と、価格を抑えた廉価版のラインを作ってきた。とりわけ「プレイ・コム・デ・ギャルソン」は国内外問わず「コム・デ・ギャルソン」ブランドへの導入として同ブランドにとって重要な位置を占めている。こうした廉価版のライン――セカンドラインやディフュージョンラインと呼ばれる――を作ってより若い、あるいはよりライトな顧客にアピールする方法は一九九〇年代以降ブランドの常套手段となってきた。もっと言えば、一九七〇年代にファッション業界のメインストリームがオートクチュールからプレタポルテに移行したとき、それなりのクオリティの廉価版で新規顧客を開拓する手法がすでに取られていたと言えよう。そう考えると、セカンドラインやディフュージョンラインが長期的な視野に立ったときには適切なデザインと言えるかどうか疑問が残る。それは現在、オートクチュールがそれだけではビジネスとして成立していないことから明らかだろう。オートクチュールだけでは時代の流れに残されると判断し、プレタポルテという廉価版を作るが、その後オートクチュールは売れなくなる。そしてプレタポルテにおいてもさらなる廉価版が作られる。つまり、際限なく値段を下げ続ける負のスパイラルに飲み込まれているのであり、短期的なスパンでのデザインとしては良いとしても、長期的な視野に立つと良いデザインとは言えないとも考えられよう。セカンドラインやディフュージョンラインはメインラインの記号で成立するビジネスだからだ。

オートクチュールと香水の関係も同様である。オートクチュールによってブランドを記号として確立させ、その威光によって別の商品を売る。[*14] モノの魅力ではなく記号の魅力で成立させたビジネスは、その記号の権威が失墜したときに崩壊する。ディフュージョンラインがメインラインよりもステータスを得てしまったり、オートクチュールが何らかのきっかけで権威を失ったりすれば、そのシステムはもはや意味をなさなくなってしまう。それゆえ、こうしたシステムはサステナブルなものではない。であれば、記号に頼るシステムとはまた別のものをデザインするのも現代のファッションデザイナーの仕事であろう。

システムのデザイン

近年、若手あるいは中堅デザイナーから既存のシステムをリデザインしようとする動きが出てきている。たとえばスズキタカユキは、ikkuna/suzuki takayuki というオーガニックコットンをベースとしたラインでほぼ毎月二型ずつ新しい商品をショップに卸すというシステムを試みている。これはどのような意味を持つのか。

現代のファッションビジネスのシステムでは、原則として年二回新作を発表することが通例となっている。[*15] それも、実際に販売する半年前に。たとえば二〇一五年秋冬コレクションは二〇一五年の春に発表され、そのときに卸先の店舗からオーダーを取り、約半年後に納品をする。つまり、すべてのブランドがこのシステムに乗ってしまうと、工場での生産の時期が集中することになる。このことはブランド側と工場側の双方にデメリットを生み出す。

ブランドにとってのデメリットとしては、工場に仕事を引き受けてもらいにくくなることが挙げられる。改めて言うまでもないことだが、衣服は人の手によって作られている。これは字義どおりの意味で、人がミシンを使って縫い上げているのである。したがって、生産量にはキャパシティがあり、工場はそれを超えた量の依頼が来た場合、仕事を選ばなくてはならない。複数の依頼が来た場合、利益が大きい仕事を引き受けるのが普通であろう。そうなると、力が強いブランド、資本が潤沢にあるブランドが工場を押さえることになり、規模の小さなブランドは生産を依頼したい時期に依頼できなくなってしまう。視点を工場の側に移してみると、繁忙期と閑散期のふたつの時期が生じてしまうことが挙げられよう。生産が特定の時期に集中するということは、当然のように集中しない時期が出てくる。となると、スタッフの確保などさまざまな点で問題が浮かび上がってくる。

この両者の問題を解消しようとしたのが、スズキタカユキの試みている先述のシステムである。商品の納品をほぼ毎月行うことは、生産もコンスタントに毎月行うことを意味する。*16

そうすれば工場への依頼が集中せず、繁忙期と閑散期も生じることがない。店舗としても、毎月新しい商品が入荷するためリピーター（固定客）に対して新鮮味を感じさせることができ、どの視点に立ってもメリットが大きいと言えよう。さらに、このシステムには批評的な意味も見出せる。それは、ファッションビジネスにおける最大の問題点とも言える「セール」のシステムに対してである。

周知のとおり、ファッションビジネスでは半年に一度在庫処分のための値引きを行うことが慣例となっている。半年ごとに新作が発表される現行のシステムでは、過去の商品は流行遅れ＝無価値なものと捉えられる。いわば新しさを捏造するために意図的に流行遅れのものを作り出しているのである。だが、作り手や売り手が自ら商品の価値を貶めるシステムに未来はあるのだろうか。ここでももはやモノ自体は重要ではなくなっている。そこで必要なのは新しさという記号であり、たとえばあるTシャツが半年前に発表されたTシャツと比べて良いのか悪いのかといった議論はなされない。古いコレクションはすでに価値が低いものになっているため、新しいコレクションは相対的に価値の高いものとなるからだ。つまりこのシステムそれ自体が、モノではなく記号を売るものなのである。

先述のスズキタカユキが試みているシステムでは、セールは想定されていない。半年ならまだしも一ヶ月で価値が減じられるようなことはさすがに成立しえないだろう。生産をうまく回すだけでなく、セールからの脱却が内在化されたこのシステムのような方法がもっと試みられてもよいはずだ。このシステムは現行のシステムと異なり、記号ではなくモノを売っている。捏造された新しさという偽りの記号ではなく、モノ自体が受け手の欲望の対象となっているのだ。

二つの差異化

ヴィクター&ロルフやジャン＝ポール・ゴルティエの例で見たように、ファッションデザイナーにとって――美術家や実業家なども同様だが――、衣服のデザインだけでなくブランドのデザインも重要だということは容易に理解されるだろう。趣味で洋裁をする人が少なくないように、ブランドがなくとも衣服制作を行うことは可能だが、産業のなかに位置づけられるためには衣服に先立ってブランドが必要となる。何のタグもついていない商品は流通させることができないからだ。ここではブランドをデザインするためには何が必要か、そして優れたブランドデザインとはどのようなものであるのかについて考えてみたい。

そもそもブランドとは一体何なのか。語源をたどると、それはもともと牛などの家畜に押していた焼き印を意味しており、家畜を識別するための手段であった。つまり、ブランドは本来的に差異化を行うことを目的とされているのだ。あるブランドが他のブランドと識別されるために、差異化をはかるべきであることは容易に理解されるだろう。これは共時的な差異化と呼ぶことができる。このことは受容者側から、すなわち商品／作品をどのように購入するのか、という視点から見るとわかりやすくなる。

現行のファッションシステムの枠組みでは、過去のブランドと競い合うことはない。それは、商品の寿命がおおよそ半年ときわめて短命であり、半年以上前の商品は市場に存在しないことに起因する。たとえば文学の場合は、小説を買おうと本屋に入った人が又吉直樹『火花』と西加奈子『サラバ！』のどちらを買うか悩むこともあれば、村上春樹『１Ｑ８４』とスタンダール『赤と黒』のあいだで逡巡することもある。あるいはまた、映画や音楽でも過去の作品があたりまえのように市場に流通しており、現代の作品と過去のそれが競合することはめずらしくない。つまり、これらのジャンルでは同じ時代だけを視野に入れた共時的な差異化と、歴史という時間軸を視野に入れた通時的な差異化の両方が必要となるのだ。だが、ファッションの場合はヴィクター＆ロルフとポール・ポワレとが同じ土俵にのぼることがありえないだけでなく、原則としてひとつのブランドの新作と過去の商品が同時に流通することもない。したがってファッションデザイナーはブランドをデザインするにあたって、「いまここ」における共時的な差異化をまずもって考えねばならないと言えるだろう。ここで急いでつけくわえなければならないのだが、ファッションの場合も通時的な差異化が不要なわけではない。ただし、その差異化の対象は過去の他のデザイナーではなく、自分自身なのである。ファッションデザイナーは年二回新作を発表しなければならないため、顧客につねに新しい何かを提示し続けることが求められるからだ。このふたつの差異化を巧みに行っているブランドに、東京を拠点とするハトラがある。ハトラはマンガやアニメから大きな影響を受けており、サブカルチャーとの関連で論じられることの多いブランドであるが、ここでは「ブランドのデザイン」という観点から見てみよう。

長見佳祐によるハトラは二〇一〇年から活動を開始し、初期にはパーカーやパンツにワイヤーを入れて畝《うね》を作り出したアイテムを特徴としていた。だが、二〇一二年からはワイヤーで形を作らないベーシックに寄ったパーカーを中心に据えたコレクションを発表し、それが現在にまで継続しているためこのときを本格的なデビューと考えることができよう。一般に、ルックブックと呼ばれるコレクションのイメージを提示する冊子——現在ではウェブのみで発表されることも多いので「ブック」とは呼びがたいが——は、同時にスタイリングの提案も行うためモデルの全身を撮影することが多い。だが、二〇一二年秋冬コレクションのルックブックでは、すべての写真においてほぼ上半身のみが写っており、ボトムスよりもトップスが重視されていることがわかる。さらに、次の二〇一三年春夏コレクション以降は完全に下半身が消去されることとなった。パンツなどのボトムスも作ってはいるのだが、トップスだけに注目させることによって、似たようなヴィジュアルが並びがちなルックブックというメディアでブランドの特徴がわかりやすく示されることとなる。ファッションデザインは単なる洋裁とは異なる。後者は服を作ることが主目的であり、その服を個人が着ることで完結する。一方、ファッションは社会的な現象にもなりうる。その場合、規模の大小はあれど特定のコミュニティのなかで「流行」が生み出されることとなる。その際に流通するのは、服そのものではなくイメージなのである。流行は情報の拡散によって形成されるが、実体を伴ったモノよりもイメージのほうが大きな拡散力を持つことは言わずもがなであろう。それゆえこのルックブックはある意味で服そのものよりも重要なメディアとして位置づけられる。

ハトラはトップスだけに焦点を絞ることで、ブランドのアイデンティティをわかりやすく提示することができている。アイデンティティが的確に伝われば、そのブランドをたやすく識別できるようになり、他のブランドとの差異化が可能となるのだ。

さて、次にハトラによる通時的な差異化の試みを詳しく見ていこう。毎年二回新作を発表し続けなければならないシステムは、ファッションデザイナーにとっては相当困難な問題である。毎回のコレクションで何らかの新しさを提示できなければ、コレクションを発表する意味がなくなってしまう。一方で、新しさばかりを追求すると、それまでブランドが持っていたイメージとの間に乖離が生じるため既存の顧客が離れるおそれがある上に、新しくそのブランドを知った人々にとってはブランドの特徴がつかみづらくなってしまう。それゆえデザイナーにとっては、各々のアイテムをデザインすることと同様にコレクションの構成や展開も通時的にデザインしなければならない。

このような課題があるなか、ハトラが新しさを提示する方法として取っているのが、二〇一四年春夏コレクションから二〇一六年春夏コレクションまで（ほぼ）毎シーズン行っている、写真家やイラストレーターとのコラボレーションである。もちろん、コラボレーションという手法自体はとりたてて新しいものではない。一九九〇年代に隆盛をきわめた裏原系と呼ばれるジャンルのブランドがコラボレーション——しばしば「ダブルネーム」と呼ばれた——によって希少性を演出していたことは記憶に新しいだろう。それをふまえた上で、ハトラのコレクションの軌跡を振り返ってみよう。

二〇一三年秋冬コレクションまでは無地のアイテムのみで構成されていた——切り替えによる色彩の組み合わせはあった——が、二〇一四年春夏コレクションでは写真家のチバガク、二〇一四年秋冬コレクションではグラフィックデザイナーのグラファーズロック、二〇一五年秋冬コレクションではイラストレーターのせんたっき、二〇一六年春夏コレクションでは再びグラファーズロックとコラボレーションし、各作家の作品を使ったアイテムを発表している。ここで重要なのは、いつ誰とコラボレーションを行ったかではなく、いつ誰ともコラボレーションを行わなかったかである。つまり、誰ともコラボレーションを行わなかった二〇一五年春夏コレクションにこそ注目すべきなのだ。他者とのコラボレーションによる制作は、容易に新しいヴィジュアルを提示できるために、たしかに新しさを生み出しやすい。だが、その副作用として、コレクションのイメージが相手の色に引っ張られやすいというデメリットもある。先にも述べたとおり、すべての顧客がデビューからコレクションを見続けているわけではなく、どのタイミングにも新規の顧客は存在する。したがって、コラボレーションによるヴィジュアルばかりが前面に出てしまうと、ハトラというブランドのアイデンティティが理解されないままブランドに対するイメージが固定されてしまうこととなる。それを防ぐために、一度リセットをしてブランドの本質を見せるコレクションが必要となるのだ。通常、コレクションは点として、つまりそのコレクションだけで見られることが多い。だが、ファッションはそもそも時間性をはらんだ概念である。服装は時代によって次々と変わるし、また、流行という現象はつねに「流行遅れ」という過去を生成することによってしか成立しえない。そうしたことを考慮に入れれば、コレクションを線として、つまり通時的に解釈することの必要性が理解されるだろう。

ハトラにおける通時的な差異化はやはりルックブックにも如実に現れている。ハトラは二〇一二年秋冬コレクションから三シーズンのあいだ、継続して一人のアイドルをモデルとして使っていたが、最近ではより成熟した雰囲気の女性がモデルを務めている。おそらく当初はサブカルチャーとの親和性を強く打ち出したかったであろうハトラにとって、その選択は必然的でもあり、適切な戦略でもあったのだろう。だが、ブランドはいつまでも同じ人たちをターゲットにし続けるわけにはいかない。これもファッション固有の問題である。家電や車は二十代の人も五十代の人も同じものを使っているが、服はそうではなく、二十代の人が着るものと五十代の人が着るものは異なる場合が多いだろう。あるいは美術もやはり年齢と作品のあいだの相関関係は気にしなくてもよい。美術作品はごく少数のコレクターと美術館のみが購入するものであり、購入者のライフスタイルや加齢による外見の変化などは気にする必要がない。一方、先にも述べたとおり、ファッションは服よりもイメージの流通がものをいうジャンルである。それゆえルックブックにおけるモデル選びは重要であり、ここでも通時的な差異化を行う必要が出てくるのだ。

ブランドの運営とは、将棋のようなものである。将棋における一手は「いまここ」の状況を打開するものであると同時に、十手先、二十手先の局面に対しても効果を有するものでなければならない。棋士が強くなるためには物事を点ではなく線で見ることが重要になるはずだ。ブランドの運営、もっと言えばすべてのデザインも同様である。ゴールにたどり着くために、あらゆる布石を打ち、伏線を張り、一歩ずつ着実に地面を踏み固めていくこと。デザインとはそうしたプロセスすべてのことであり、決して最終的に現れた形のことを指すのではない。そこを誤解してしまうと、デザインについて考えることもできなければ批評を行うこともできないのだ。

モノのデザイン

とはいえ、ファッションデザイナーがモノそれ自体をデザインしていることも事実である。たとえば二〇世紀初頭に活動を開始したマドレーヌ・ヴィオネは、しなやかなドレープを生み出すために、布地を斜めに使うバイアスカットという手法を開発した。あるいは、ヴィオネにやや遅れて登場したココ・シャネルが、男性用下着に使われていた伸縮性の強いジャージー素材を女性服に取り入れ、動きやすいスーツをデザインしてもいる。こうした例は枚挙に暇《いとま》がない。現代のブランドであれば、プロデューサーの五十嵐勝大とデザイナーの斉藤愛美によって二〇一〇年に設立されたプロエフがモノのデザインを巧みに行っている。

プロエフが最初に手がけた商品は、肌色ストッキングに柄をプリントしたシンプルなものである。このプロダクトが優れているところは、ファッション業界的にはおしゃれではないと考えられていた肌色ストッキングに少し手をくわえるだけでポップなものに変換させた点である。この商品は斉藤の学生時代の作品が元になっているのだが、女性が真夏にはく黒いトレンカが暑苦しく見えると感じていた五十嵐によって商品として世に出されることとなった。ただし、五十嵐はただの思いつきでこの商品の生産に踏み切ったわけではない。彼は次のように語っている。

［商品を］つくる前にストッキングの背景を調べました。詳しい年代は忘れてしまいましたが、ある時期を境にストッキングの需要が減ってきているわけです。そうなると国内の生産数が激減します。最盛期の十分の一くらいだったかな。工場の方は、どうしたらストッキングが若い世代の子たちにも受け入れられるのかを考えていたと思います。そういう部分も調べているとわかってきました。衰退している産業であれば盛り返すチャンスがあるだろうと考えていました。[*17]

五十嵐はストッキングのデザインをただの色や柄の操作ではなく、その産業の問題点まで視野にいれたプロセスだと考えている。そして実際にこの商品の発売後、ストッキングの売上が回復した事実があるそうだ。たしかにプロエフの商品を手に入れる人々は、おそらくモノ自体に魅力を感じてそれを購入するのだろう。だが、その商品がデザインとして優れているというのは、単なる外観の魅力にとどまるものではなく、その背景となる産業に対するアプローチまで含んでいるからだと考えなければならない。ムナーリが指摘するとおり、デザインは「問題解決」の行為だからである。

二〇一三年から発売された《epoxy》という樹脂のアクセサリーのシリーズでは、プロエフは生産背景のデザインを行っている。大量生産による、「完全に同一な複製品としての商品」に疑問を感じた彼らは、樹脂のなかに木片やアクリル板などのパーツがランダムに組み込まれたブロックをカットしていくことで、品番としては同じだけれどもモノとしてはひとつひとつ異なる商品を生み出す生産方法を考案した。その上、ブロックの制作はアトリエで自分たちの手で行っている（ただし、最終工程のカットは工場に発注している）。五十嵐はプロダクトデザインの致命的な問題点は作りたいときにサンプルやプロトタイプを作れないことだと考え、自分たちの作業場で作れることを重要視していると述べる。これはある意味で「良いファストファッション」と捉えることもできるだろう。ファストファッションは企画から店頭に並ぶまでの期間が短いことが特徴だが、その背後では発展途上国での無理な労働体制などさまざまな問題点が隠れている。だが、プロエフの生産の早さには、一般的なファストファッションと異なり誰かに無理をさせるようなことはない。ファストファッションの利点だけを取り入れた、理想的な生産背景だと言えよう。

さて、ここまで「デザイン」の定義をめぐってさまざまな事例を取り上げながら論じてきた。ファッションデザイン批評を行うにあたって言葉の定義からはじめるというのは、ひょっとすると遠回りをしているように思われるかもしれない。だが、これまで見てきたように、「デザイン」が単に外観を意味する言葉だと捉えられたままでは、ハトラやプロエフといったブランドの活動はいつまでたっても理解されないはずである。そう考えると、やはり言葉の定義を避けて通ることはできない。

本書においてさまざまな言葉を定義する上で、時代も地域も異なるデザイナーとその作品に言及することになるだろう。批評はそもそも同時代的なものに限定される必要はなく、そのほうがより根源的な議論が可能となるからだ。すなわち、この作業はファッションデザイン史の再構築にもつながるはずである。ファッション史は衣服のフォルムの変遷として、ファッションデザイン史はデザイナーの交代劇としてそれぞれ描かれるのが通例とされる。だが、ファッションデザインを論じる言葉が豊かになりさえすれば、また別の視点を提示することもできるにちがいない。

言葉の定義というインフラの整備、それを元にした批評の試み、そして歴史の再構築。長く先の見えない道のりかもしれないが、一歩ずつ着実に議論を進めていけばきっと道は開けるだろう。

＊1　ロラン・バルト『モードの体系――その言語表現における記号学的分析』佐藤信夫訳、みすず書房、一九七二年、八頁。

＊2　美学におけるジャンル論では、建築は芸術の一分野として扱われることが多かった。そう考えればデザインも芸術に含まれると考えられるかもしれない。だが、現在ではたとえば原研哉がデザインを社会に端を発するもの、芸術を個人に端を発するものとしているなど、デザインと芸術を分別する傾向にある。

＊3　エイドリアン・フォーティー『欲望のオブジェ――デザインと社会　1750年以後』高島平吾訳、鹿島出版会、二〇一〇年、一三頁。

＊4　ヴィクター・パパネック『生きのびるためのデザイン』阿部公正訳、晶文社、一九七四年、一七頁。

＊5　若桑みどり「ディセーニョの系譜――ルネサンスからバロックまで」『季刊みづゑ』

九二三号、美術出版社、一九八二年、四四頁。

＊6 同書、四四頁。

＊7 特許庁「意匠制度の概要」https://www.jpo.go.jp/system/design/gaiyo/seidogaiyo/torokugaiyo

＊8 樋口孝之・宮崎清「明治の辞書にみられる西洋語に対応した「意匠」の語義――日本におけるデザイン思考・行為をあらわす言語概念の研究（3）」『デザイン学研究』五〇巻五号、日本デザイン学会、二〇〇四年。

＊9 樋口孝之・宮崎清「明治初期から中期の美術工芸振興活動にあらわれた「意匠」概念――日本におけるデザイン思考・行為をあらわす言語概念の研究（4）」『デザイン学研究』五四巻一号、日本デザイン学会、二〇〇七年、八九頁。

＊10 パリのクチュール組合に加盟しているブランドが作っている「高級仕立服」のこと。

＊11 ポール・ポワレ『ポール・ポワレの革命――20世紀パリ・モードの原点』能澤慧子訳、文化出版局、一九八二年、六四頁。

＊12 オートクチュールが仕立服であるのに対して、プレタポルテ（英語の「ready-to-wear」をフランス語に直訳した造語）は「高級既製服」を意味する。一九六〇年代からパリのファッション産業の中心はオートクチュールからプレタポルテへと移っていった。

＊13 クリエイションはしばしば「創造」と訳されるが、ムナーリが指摘するように、デザイ

ンにおける「創造性」とはリサーチ（データの収集と分析）の結果に基づいた発想であり、それは無から何かを突然ひらめくようなものではない。

＊14 同じ手法として、ライセンスビジネスなどもある。

＊15 現在はさらに「プレコレクション」と呼ばれる、春夏・秋冬コレクションの少し前に店舗に卸される小規模な、そして多くの場合メインのコレクションより価格を抑えた商品が発表されているため、もう少し状況は複雑である。

＊16 一見、毎週のように商品が投入されるファストファッションのシステムと似ているように思われるかもしれないが、半年分の企画をあらかじめ立てているスズキタカユキと、短いサイクルで企画を繰り返し行うファストファッションとでは、前者の方に余裕が生じることは容易に理解されるだろう。

＊17 蘆田裕史・水野大二郎責任編集『vanitas』No. 003、アダチプレス、二〇一四年、八頁。

第二章　スタイルと装飾

シルエットで語られる歴史

流行はすたれるが、スタイルは決してすたれない。*1

これはガブリエル・シャネルの発言とされる言葉である。シャネルは一時の流行を作ったのではなく、永遠に古びることのない「スタイル」を生み出したという意味でこの言葉はよく引用される。ファッションにおいてスタイルが論じられるとき、その議論は多くの場合シルエットの問題に帰されることになる。というのは、ファッション史もファッションデザイン史も原則としてシルエットの変遷として記述されるからである。それは、衣服をフォルム——より厳密に言えばその輪郭——によって規定する考えから生まれたものであり、そこに一定の意義を見出すことはできるだろう。歴史的な衣服の年代特定はシルエット、すなわちスカートの膨らみや丈、ウェストラインの位置、肩の張り具合などで行われる。たとえば「パワーショルダー」と呼ばれる肩パッドの入ったジャケットは一九八〇年代に流行したアイテムであり、ミニスカートは一九六〇年代を象徴するシルエットである、といったように。

まずはオートクチュールというシステムを考案し、近代ファッションの祖と呼ばれることになったチャールズ・フレデリック・ワース以降の歴史を概観してみよう。一八五〇年代はコルセットをしめて細くしたウェストにくわえ、クリノリン（鯨ひげや針金を組み上げた下着）でスカートに円錐状の膨らみを出した。一八七〇年代から八〇年代は、バッスル（臀部に装着する、詰め物をした腰当て）によって後ろ腰を膨らませる。そして二〇世紀のファッションデザイン史は、おおむね次のような作家名とともに語られる。一九世紀までの細いウェストに力点を置いたシルエットに対して、コルセットでウェストを絞る代わりに足首にかけて細くなるホブルスカートを一九〇〇年代に発表したポール・ポワレ。女性が活動しやすいように膝下丈のスカートを提案した一九二〇年代のガブリエル・シャネル。戦争が終わって再びウェストを細く絞るニュールックを提案した一九四〇年代のクリスチャン・ディオール。一九六〇年代は若々しさをアピールするようなミニスカートによって特徴づけられるアンドレ・クレージュとマリー・クワント。そして女性のパンツルックを社会に認めさせるきっかけを作ったとされるイヴ・サン＝ローラン（クレージュもパンツルックを発表していたが、イヴニング・ドレスに代わるものとしての意味合いが強く、サン＝ローランのような女性の日常着——シティ・パンツと呼ばれた

――としてではなかった）。一九八〇年代以降はひとつのシルエットによって時代を代表することが次第に難しくなるが、パワーショルダーの火つけ役となったクロード・モンタナやティエリー・ミュグレー、あるいはオーバーサイズのビッグシルエットによって一躍注目を浴びた山本耀司とコム・デ・ギャルソンの川久保玲などを代表例として挙げることができよう。川久保玲は一九八〇年代以降現代までヨーロッパでも評価される日本人デザイナーであるが、とりわけ話題にのぼるコレクションの多くは、一九九七年春夏コレクションで発表された通称「こぶドレス」――身体にぴったりと沿う薄手のストレッチ素材の服にこぶのようなパッドが挿入された、人間の身体には本来存在しない凹凸を作り出した服――のように、シルエットがわかりやすく特殊なものである。

一九九〇年代以降はマルタン・マルジェラやヴィクター&ロルフなどコンセプチュアルと呼ばれるアプローチを得意とするデザイナーが注目を浴びてきたため、シルエットの変遷としては語りにくくなってくる。とはいえ、現代の日本でもっとも注目を浴びるファッションデザイナーのひとりである、アンリアレイジの森永邦彦が少なからぬメディアに取り上げられはじめたのは、球体・三角錐・立方体の形にあわせた服を人間の身体にも適合するよう工夫をこらした二〇〇九年春夏コレクション「〇△□」や、シルエットから判断するとジャケットに見える服が実はTシャツだったり、あるいはセーターに見える服が実はパンツだったりという二〇一〇年春夏コレクション「シルエット」など、まさしく新しいシルエットを作ろうと模索したコレクションだったと言えよう。

男性服に目を移してみれば、二一世紀の初頭にディオール・オムのデザイナー[*2]に抜擢されたエディ・スリマンは細身のジャケットとスキニーパンツによって男性服のシルエットを一新し、薄手のジャージー素材を好んで使うリック・オウエンスは男性服にはあまり見られなかった丈の長いトップスを提案して数多くのフォロワーを生み、トム・ブラウンはウェスト位置の高いジャケットと丈の短いパンツのスーツによってアメリカを代表するデザイナーとなった。

二〇世紀以降のファッションデザイナーのなかでもっともシルエットがもたらす効果の重要性を理解していたのはクリスチャン・ディオールである。ディオールはAラインやYラインなどのアルファベットの形になぞらえたフォルムの服、そして輪郭をジグザグに描き出すジグザグ・ラインや花冠を模したコロール・ライン――いわゆるニュールック――などさまざまなシルエットを作ってきた。彼は毎シーズンのように新しい「ライン」を発表したが、それはファッション史やファッションデザイン史のもっともわかりやすい部分がシルエットに現れると考えていたからにちがいない[*3]。

ディオールのようにスタイルをライン＝線と捉える考え方は、人間の身体に関して用いられる、日本語における「スタイル」の一般的な用法にも適合する。巷でしばしば耳にする「あの女性はスタイルがいい」と言う場合の「スタイル」は、様式や作風などとはまったく関係がなく、その女性が均整の取れた体つきをしている、あるいは高い身長と細い輪郭を持っていることを意味する（それゆえ英語ではこの表現をする際にstyleではなくfigureを使う）。スタイルを線とみなす日本語の（誤った）用法は、当たらずといえども遠からずなのである。

こうした考え方は、二〇一五年に老舗のメゾンであるバレンシアガのデザイナーに就任したデムナ・グヴァサリアに顕著に見られる。グヴァサリアは自身のブランドであったヴェトモンで過剰なまでに袖の長いトップスを発表し、一躍話題となった。また、彼がバレンシアガの二〇一七年春夏メンズコレクションで発表したのは、ほとんど水平に張りだした、これまた過剰なまでに肩幅が広く、裾に向けて直線的な線を描くジャケットに、細身で丈の短いパンツ。手がすっぽりと隠れる袖にせよ、肩幅の広すぎるジャケットにせよ、グヴァサリアはわかりやすい線の操作によって、異様なシルエット＝スタイルを作ることに拘泥している。その意味では、グヴァサリアはクリストバル・バレンシアガよりもクリスチャン・ディオールの後継者にふさわしいと言えるのかもしれない。バレンシアガにおいても線は重要な要素であるが、それは輪郭ではなく服の構造に関わるものである。ブルーノ・ムナーリは「スタイリストがもっとも関心を示すものは線であり、彫刻的フォルムであり、変わったアイディアである」[*4]と（批判的に）述べているが、輪郭としての線によって「現代的なルックを与える」[*5]手法は、まさにグヴァサリアにあてはまるものであろう。

ここまで、シルエットに着目して近代以降のファッションデザイン史を追ってきたが、それぞれの時代においてデザイナーが提案するシルエットはすでに述べたとおり「スタイル」と呼ばれるものである。では、スタイルをシルエットの意味で捉えてシャネルの発言を理解するとどうなるか。先に引用したシャネルの発言は一見、シンプルながらも核心を突いたものに思われるかもしれないが、よくよく考えてみれば不思議な感じもする。というのも、ある特定のシルエットはすたれうるものだからだ。二一世紀のいま、一九世紀半ばのクリノリンや一九八〇年代のパワーショルダーを街で見かけることがまずないことからも、そのことは明らかである。では、スタイルが流行と同様にすたれるものであれば、シャネルの発言は取り合う必要のない戯れ言のようなものなのであろうか。いや、そう決めつけてしまうのは早計であろう。スタイルという言葉にどのような意味をあてがえばシャネルの発言が理解できるようになるのか、考えてみることにする。

様式と文体

まずは「スタイル」がどのように定義されてきたのか、他の分野の例を元に確認していきたい。美術や建築では、スタイルは主に「様式」と和訳される。この様式の問題は一九世紀後半から美術史家や建築史家の関心事ともなりはじめる。[*6]手始めに二〇世紀を代表する美術史家のひとり、マイヤー・シャピロの定義を見ておこう。

様式とは、個人あるいはひとつのグループの芸術において繰り返される形式——ときには繰り返される要素、質、表現の場合もある——である。この言葉は「ライフスタイル」とか「文明の様式」などと言われるように、個人あるいは社会の活動全体にも適用される。[*7]

シャピロは各様式がひとつの時代に特有のことであり、ひとつの文化には原則としてひとつの——あるいはごくわずかの——様式しかないとみなされると指摘している。その考えに従うと、様式は作品の年代を特定するために使われる手段となる。

建築においてゴシック様式とかバロック様式といった言葉が意味するものは、「ある特定の時代に流行した作風」であり、ゴシック様式の建築はゴシック期以外には見られないことを前提とする。たとえばラテン教父のテルトゥリアヌスの著作に見られるように、ファッションは古代からその移り変わりの早さゆえに軽薄なものだと非難されてきた。だが、スパンが長いとはいえ、様式も一時の流行であり、結局のところすたれゆくものなのであれば、この非難は適切なものとみなすことはできないだろう。美術、建築、音楽などあらゆるジャンルに様式はつきものであり、はやりすたりはファッションに限った話ではない。

スタイルはまた、「ある特定の個人や集団の作風」を意味することもある。たとえば二〇世紀前半のベルギーを代表する画家ルネ・マグリットは、夢と現実がないまぜになったような不可思議な絵画——いわゆるシュルレアリスム的と呼ばれるもの——で有名だが、それを生涯貫き通したわけではなく、途中で印象派やフォーヴィスムを模したような作風へと移り変わり、再度シュルレアリスム的な作品を描くようになった。このように、スタイルは個人の一生涯のなかでも変遷があり、だからこそある時期を象徴することができるのである。

建築における様式はフォルムによって規定されることが多いため、ファッションの場合と親和性が高いと言える。だが、絵画はフレームによって輪郭が長方形に定められているため、スタイルがフォルムによって規定されるわけではない。そう考えてみると、他の分野ではまた別の意味があるように思われる。このことをスタイルのもうひとつの訳語から考えてみよう。

スタイルは美術や建築では「様式」と訳される一方、文学では「文体」と訳される。スタイルの語源はラテン語のstilus《スティルス》。これは鉄筆あるいは尖筆のことで、文字という概念と切り離せない。文字の連なりによって生み出されるあらゆる文章が文体を持つことに異論をさしはさむ人はいないだろう。

文体とは何か。より正確に問うならば、文体を構成しているものは何なのか。手がかりにレーモン・クノーの『文体練習』[*8]を見てみよう。この本は「バスのなかで見かけた男を二時間後に別の場所で再び見かけた」（実際はもう少し細かく描写されているが）というくらいの特筆すべき点があるわけではない出来事を、「怪談風」「ねちねち口調」「俗っぽく」「哲学的に」「動物学的に」など九九通りの仕方で書く試みである。

まずここからわかるのは、文体が内容とは切り離されたものであることだ。九九のテクストが描写する内容は原則としてすべて同じであり、文体の違いによって出来事が変化してしまうことはない。そのようなことが起きてしまえば、それは別のものになってしまうからだ。つまり、文体とは言ってみればテクストの内容に関わるものではなく、外観を構成するものなのである。日本語の場合で考えてみると、ある指示対象に対してどのような単語を選択するか（父親に対して「お父さん」「親父」「パパ」など複数の選択肢がある）、漢字を使うか平仮名を使うか、句読点をどこに打つか、などさまざまな例があるだろう。ただし、ここにおいて外観という言葉に含まれるのは視覚的なものだけではない。音の響きやリズムのような聴覚的要素も重要である。

上記のような視覚的ないし聴覚的要素によって作られた文体は、しかしながら単なる外観にとどまるものではない。ここで選択された言葉が、書き手（あるいは話し手）の何がしかの性質や属性を表すということがある。たとえば、「それはだめだ」と「そんなんあかん」という、同じ内容を表すふたつの文があるとすると、後者は書き手や話し手が関西人であることを指し示す。つまり、さまざまな要素の組み合わせによって成立する外観によって意味が生成するのである。同じ内容を表しているはずのテクストが、どのようにして別の意味を生じるようになるのか、ロラン・バルトを引きながらもう少し掘り下げてみよう。

衣服と言語の類似性

バルトは『エクリチュールの零度』で言語を三つの種類に分類している。一つ目は「ラング」で、日本語や英語、あるいは関西弁や東北弁といったある共同体のなかで通用する言語体である。これは文法や慣習によって外的に規定されるもので、個人の裁量で変化させることはできない。二つ目は、リズム、一文の長さ、句読点の打ち方などのような、ラングの対極にあって個人に帰される「スティル」である。バルトは次のように語る。

イメージや語調や語彙は、著作家の身体や過去から生まれて、徐々に、彼の芸術の自動装置《オートマティスム》そのものとなる。このようにして、スティルという名のもとに、自給自足的な言語が形成されるのである。(中略)それは、用途のない形式であり、意図の所産ではなくて激発力の所産であり、思惟の垂直で孤立した側面のようなものである。*9

バルトが「自動装置《オートマティスム》」という語を使っていることからわかるように、スティルは目的を持って意識的に生み出されるものではなく、個人の内面からにじみ出るものだと言えよう。普通であれば外的な規定であるラングと内的な規定であるスティルのふたつによってテクストが作られると考えられそうなものだが、バルトはそこにもうひとつの様態を見出す。それが「エクリチュール」である。エクリチュールとは、端的に言えばラングとスティルのあいだに位置するもので、ある社会的な集団のなかでの適切な言葉遣いのことである。ここでもバルト自身の言葉を引いておこう。

エクリチュールとは、まさしく、このような自由と記憶との妥協なのである。それは、選択の所作のなかにおいてしか自由ではなく、その持続のなかにおいてはすでにもはやそうではないところの、このような記憶する自由である。たしかに、私はこんにち、あるなんらかのエクリチュールを自分に選び、その所作のなかにおいて私の自由を確認し、ある新鮮さなりある伝統なりを持つと主張することができる。けれども、徐々に、他人の語、そしてさらには私自身の語の虜囚となることなしに、ある持続のなかでそれを展開することは、もはやすでにできない。あらゆる先行のエクリチュールや私自身のエクリチュールの過去そのものから来る執拗な残留物が、私の語の現在の声を覆うのである。[*10]

言ってみれば、エクリチュールはひとつの「型」である。最初の一歩目において、私たちは選択の自由が与えられているが、その後はほぼ自動的に「型」にはまってしまうこととなる。たとえばある少年がある日一人称を「僕」から「俺」に変更したとしたら、それまで「ママ」であった母親の呼称を「おかん」「母さん」「おふくろ」などに変更しなければならなくなる。同時に「パパ」は「おやじ」になるだろうし、制服のシャツのボタンを上まできちんと留めなくなったり、裾をパンツの外に出すようになったりする。[*11]たしかにこの少年は「俺」という一人称を主体的に選択しているのだが、それはあくまで社会から提示されたいくつかのオプションのうちのひとつでしかない。自ら型を作り出すことはないし、仮にそれができたとしても社会や集団からの認知を得られなければエクリチュールとはならないからだ。

いまエクリチュールの具体例として言語だけでなく衣服の着こなしの例も挙げたが、実のところ、衣服――服装と言ったほうがより正確だが――と言語は似ている。私たちの日常的な実践の結果である服装は、さまざまなアイテムの取捨選択によって成立している。たとえば「今日はチェックのシャツにしようか、それともストライプのシャツにしようか、パンツは何をあわせようか、日中暑くなりそうだからジャケットは着ないでおこうか」というように、アイテムの選択を毎朝行い、その日の服装が決定される。

これを一般化して述べるならば、「トップス＋ボトムス＋靴」という各アイテムのなかからの選択である。さらに細かく言えば、上（頭）から「帽子＋メガネ＋シャツ＋ネクタイ＋ジャケット＋ネックレス＋指輪＋パンツ＋ベルト＋靴下＋靴」のように付随的な要素をつけくわえることもできる。このような衣服のコーディネイト行為――これがスタイリングと呼ばれるものである――を考察する上で重要なのは、「トップス＋ボトムス＋靴」のような縦のつながりと、「チェックのシャツ」と「ストライプのシャツ」のような横の関係性があることである。トップスとボトムスはそれぞれひとつずつ選ぶことができるが、一方で、チェックのシャツとストライプのシャツは交換可能であると同時にどちらか一方しか選ぶことができない。これを言語に照らし合わせてみると、「私は歩いた（主語＋述語）」という必要最低限の構成要素で文を作ることもできれば、「私は昨日渋谷駅から原宿駅までカタツムリのような遅さで歩いた」と、さまざまな修飾語をつけくわえた文を作ることも可能である。つまり、衣服のコーディネイトは統辞（縦の関係性）と範列（横の関係性）によって成立する文と構造的には同じだとみることができるのだ。

バルトの言うエクリチュールは、文を作る上での単語の選択は話者／書き手にゆだねられているように見えるが、結局のところすでに認知を受けた組み合わせ＝コーディネイトの支配から逃れることはできないという考え方であった。これはファッションデザインにも通じる。繰り返しになるが、ファッションとファッションデザインは分けて考えなければならず、簡単に言えば、ファッションデザインはデザイナーが衣服あるいはそれにまつわるイメージの構築や制作プロセスを企画・設計することと言える。つまり、ファッションデザインが作り手の問題であるのに対して、ファッションは受け手の問題である。作り手のみならず、毎日衣服のコーディネイトを行っている受け手も、エクリチュールの支配から逃れることはできない。たとえば、スーツに野球帽を合わせたり、繊細なシルクのワンピースの下にジーンズをはいたりするのはおかしなコーディネイトだと私たちは考えてしまう。この違和感は、そうしたアイテムの組み合わせがエクリチュールという型からはずれているからである。このことを作り手側の視点で見るならば、スタイルの創出とは、コーディネイトという組み合わせによって型を作り上げることだと捉えられるのではないだろうか。

そう考えることによって、冒頭のシャネルの発言を理解することができるようになる。ファッション史を専門とするヴァレリー・スティールによれば、シャネルの服は同時代の他のデザイナーとあまり変わらなかったとされる。[*12]とはいえ、それはあくまで、シルエットなどの話である。よく知られているように、シャネルは模造宝石を好んで使ったと言われる。スタイルをシルエットと同義だと捉えるならば、模造宝石を使ったアクセサリーは何の意味も持ちえないことになる。原則としてアクセサリーは帽子を除いてシルエットに影響を及ぼさないからだ。シャネルはまた、ポケットの使用も特徴のひとつとされるが、これも模造宝石と同様シルエットには何の影響も与えることはない。一方、スタイルを諸要素のコーディネイトによって作り出された型と捉えるならば、模造宝石のアクセサリーを合わせることも、ポケットを配置することも重要な要素となりうる。シャネルが言うところのスタイルは、後者のコーディネイトの問題として考えればわかりやすくなるだろう。先にも述べたように、シルエットは時代によって変遷するため、すたれることが避けられない。だが、模造宝石をコーディネイトに取り入れることやポケットの配置を工夫することは、シルエットのように外観に大きく関わるものではないため、はやりすたりへの影響が小さいのだ。

ヴィヴィアン・ウェストウッドとマルコム・マクラーレンによるパンクファッションもその典型だと言える。彼らはラバーを素材として使った服やボンデージ・パンツ、そして安全ピンや鋲による装飾、逆立てた髪の毛など、さまざまな要素の組み合わせをパンクのイメージとして定着させた。イギリスの社会学者ディック・ヘブディジが「戦後の労働者階級の若者文化の全服装史をこま切れの形で再現した」[*13]と指摘したように、ウェストウッドらが提案したスタイルもシルエットに還元されるものではなく、既存の服装に見られた諸要素を身体というキャンバスの上に配置し、構成したものだと言うことができる。
スタイルの本質が配置と構成によるコーディネイトであることが明らかになったところで私たちが次に検討しなければならないのは、コーディネイトがどのように行われるのかである。

配置と構成

コーディネイトの基礎となる概念である「配置」と「構成」について、画家のアンリ・マティスは次のように語っている。

私にとって、表現とは顔に溢れる情熱とか、激しい動きによって現される情熱などのなかにあるのではない。それは私のタブローの配置の仕方全体のうちにある——人体が占めている場所、それらを取りまく余白の空間、釣合いなど、そこでは一切が役割をもっている。構成は画家が自分の感情を表現するために配置するさまざまの要素を装飾的な仕方で整えるわざである。タブローのなかで、各部分ははっきり見えてくるようになり、主要なものであれ、二次的なものであれ、それぞれに与えられた役割を演ずるようになる。したがって、その絵のなかで用のないものはすべて有害である。一つの作品は全体として調和がなければならない、つまり、余計な細部があれば、みんなそれが観る人の心のなかで別の本質的な細部の地位にとって代ってしまうからである。[*14]

もちろん、芸術とデザインとではその意味も目的も異なるため、すべてをファッションデザインの話に適用できるわけではない。マティスは絵画の目的を「自分の感情を表現する」と述べているが、デザインにおいてはデザイナーの感情など必要ではなく、ユーザーにとってそれがどのような意味を持つかに重きが置かれるからだ。しかし、それを差し引いても、マティスが用いる配置（disposition）と構成（composition）というふたつの概念が、スタイルをコーディネイトとして捉えるファッションデザインにも通じるものであることは容易に理解されるだろう。絵画のなかに含まれるさまざまな要素――描かれたモティーフの色彩やフォルム、あるいはモティーフ間の関係性など――をどのように配置するか、そしてその構成が表現を決定づけるとマティスは記している。これを衣服にあてはめれば、人間の身体をベースとしてその上に配置されたトップス、ボトムス、アクセサリーや靴などを「装飾的な仕方で整える」ことが構成であると言える。この構成が得意なブランドに、落合宏理によるファセッタズムがある。このブランドの二〇一七年春夏コレクションからメンズのルックを例に挙げてみよう。

青を基調としたチェックのシャツを二枚重ねた上に濃いめのエメラルドグリーンのボマージャケットを羽織り、ボトムスはシャツと色違いのチェックのショートパンツを合わせている。足下は黄色の横ラインが二本入った膝下丈の靴下に白のスニーカー。このコーディネイトを、シルエットの観点から見るならば、取り立てて新しさを見出すことはできない。レイヤードされたシャツのシルエットは一枚のシャツとほぼ変わらないし、メンズのショートパンツもいまどきめずらしいものではない。靴下もスニーカーもシルエット的にはごく普通のものである。だが、レイヤードされたシャツ、色違いのチェックのトップスとボトムス、さらにはスポーツテイストのライン入りソックスに、ミリタリーを想起させるボマージャケットといった組み合わせは、違和感――換言すれば新鮮さともなる――を持ちながらもバランス良くまとめられている。このコーディネイトこそがファセッタズムを評価する際のポイントであり、そのバランスがファセッタズムらしさにつながっている。また、この違和感のあるコーディネイトとは、エクリチュール＝型からはずれたものと理解することができる。

ファセッタズムを特徴づけるスタイルは、他のブランドからこのブランドを離れたところに位置づける（dis-poser）、つまり差異をつけることに成功しているものの、いまだエクリチュールと呼ぶには至らない。それにはさらなる言語化と、ある程度の規模の集団による認知が必要となるからだ。というのは、私たちの事物の認識は言語化あるいは名づけという行為によって支えられているからだ。たとえば音楽ではシューゲイザーやヴェイパーウェイヴといったジャンルがあるが、こうしたジャンルの認識は、誰かがある様式に名前を与えることで初めて成立する。もっと卑近な例では、虹を構成する色の数が挙げられる。日本では虹を七色と認識するが、実際のところ本当に七色にきっぱり分けられるわけではない。国（文化）によってその数は三色だったり八色だったりする。これは、その文化において、虹に含まれる色の数を言語化した結果生じた認識である。つまり、視覚的なものが与えられただけでは、私たちはそれを見ることはできても、適切に認識することができない。それゆえ、ファッションデザインの作品も、それがただ提案されるだけでなく、言語化されなければ、私たちの認識にはつながらない。

さて、少しばかりマティスの引用に戻りたい。繰り返しになるが、マティスの発言を再度引用しておこう。

人体が占めている場所、それらを取りまく余白の空間、釣合いなど、そこでは一切が役割をもっている。構成は画家が自分の感情を表現するために配置するさまざまの要素を装飾的な仕方で整えるわざである。タブローのなかで、各部分ははっきり見えてくるようになり、主要なものであれ、二次的なものであれ、それぞれに与えられた役割を演ずるようになる。（傍点引用者）

マティスは配置した要素を「装飾的な仕方で整える」技術のことを構成と呼んでいる。装飾的な仕方で整えられた要素が役割を持つというのはどういうことだろうか。役割とは別の言い方をすれば機能である。だが、一般に装飾は機能を持たないというのが定説であろう。マティスが活動していた二〇世紀前半に起きた建築やデザインのモダニズムは機能主義（あるいは合理主義）と呼ばれ、装飾を排した外観がその特徴とされる。しかるに、マティスは構成を装飾的な技法と考え、そこに機能を見出していた。彼のテクストを理解するためには、まず装飾がどのようなものなのか定義しなければならないだろう。

実のところ、装飾は「スタイル」を語る上で欠かすことができない概念である。たとえばゴットフリート・ゼンパーは『様式』で織物や陶芸について、アロイス・リーグルは『様式論——装飾史の基本問題』で古代オリエントやギリシアなどの文様について論じている。二〇世紀に入ると、ハインリッヒ・ヴェルフリンが『美術史の基礎概念』で絵画や彫刻、あるいは建築や装飾美術を、そしてエルンスト・H・ゴンブリッチが『装飾芸術論』で装飾それ自体を正面から論じている。

これらを見ると、様式論にとって装飾美術、あるいは装飾をめぐる議論が不可欠であることがすぐさま理解される。まるで様式を決定づけるものが装飾であると言わんばかりに。実際、この装飾というキーワードは、歴史家のみならず作り手にとっても一九世紀後半から重要な事項となってきた。それは（近代）デザイン史の発生がこの時期であることと重なる。

機能的な装飾

近代デザインの父と呼ばれるウィリアム・モリスは壁紙やステンドグラスなど、いわゆる装飾芸術の領域に属する作品を手がけた。そして一九世紀末にはアール・ヌーヴォーやユーゲント・シュティールがヨーロッパを席巻し、二〇世紀に入るとアンリ・マティスや未来派の面々など、デザイナーのみならずさまざまな美術家も装飾芸術に関わることとなる。一九世紀に装飾や装飾芸術が前景化してきた背景として、美術史家の天野知香は「西欧の文化伝統の根幹をなしていた「大芸術《ル・グラン・アール》」とそれを中心とした諸概念の揺らぎがあった[15]」ためであり、「こうした揺らぎは世の中の構造的な変化に基づいて、社会における新たな美の位相をめぐる議論を引き起こした[16]」と指摘する。

装飾芸術が盛り上がりを見せる一方で、装飾に対する批判もこの時期から散見されるようになる。そのなかでもっとも有名なのが建築家アドルフ・ロースの「装飾と犯罪」であろう。その後、建築やデザインで機能主義あるいは合理主義と呼ばれる、無装飾の作品が流行することとなるのは先に述べたとおりである。

だが、ここでいったん立ち止まる必要がある。はたして、装飾と機能は本当に対立するのであろうか。たとえば、古代ローマで着用されていたトガ――たっぷりとした布を身体に巻きつけて着る衣服――にはさまざまな種類があり、緋色の生地に金の縁飾りがついたものはトガ・ピクタと呼ばれ、皇帝か凱旋将軍が身につけるものであった。逆に言えば、緋色の生地に金の縁飾りの装飾があるトガを身につけている人がいれば、その人が皇帝か凱旋将軍であることを示す。何かあるものがひとつの対象を指し示すのならば、それは機能を持っていると考えるべきなのではないだろうか。

装飾はしばしば付属物として扱われる。それはたしかにある面では正しい。何かあるものを本体とし、それを飾るものが装飾だからだ。だが、それだけでは存在しえないことと、それが何の意味も持たないことは同義ではない。ネックレスや指輪のような「装飾品《アクセサリー》」はあくまで衣服を飾るものであり、あらゆる面で衣服の代わりを果たすことはできない。衣服の機能はいくつかあるが、もっともわかりやすい身体の保護を思い浮かべれば十分であろう。ネックレスや指輪が寒さから身を守ってくれることはありえない。しかし、それでもなおアクセサリーには何かしらの役割があるはずである。シンプルな服に彩りを与えたり、ダイヤモンドの指輪は持ち主に金銭的に余裕があることを示唆したり、アクセサリーはアクセサリーで役割を持っているのだ。

とはいえ装飾を定義するのは難しい。ゴンブリッチでさえ『装飾芸術論』を書くにあたって装飾を定義しえず、冒頭で「定義できなければ何も論じられない、と考えるのが誤りであることがせめてもの救いである。さもなければ人生や芸術のいずれについても語ることはできない。本書の主題に用いる秩序の概念をあえて定義してみようとは思わないが、それでも私の興味を引く装飾デザインの主眼点を明らかにできると信じている」[*17]と言い訳めいた表現をしている。しかしながら、定義を避けたからこそ、ゴンブリッチは装飾と機能を対立させてしまうようなミスを犯したのではないだろうか。この装飾と機能をめぐる問いを、二〇世紀初頭にたちかえって再考してみたい。

建築史を幡くと、ロース以外にも「形態は機能に従う」という有名なフレーズを残したルイス・サリヴァンのように、装飾を否定するような発言をする建築家がいるが、まずはロースの「装飾と犯罪」を端緒としよう。「文化の発展は日用品から装飾を削ぎ落としていく過程に相当する」[*18]と主張するロースはたしかに装飾を否定しているものの、それが機能的でないとは記されていない。その代わりにロースが提示するのは経済的な観点である。装飾を施すことをしなければ、生産者は労働力を浪費することも材料を浪費することもなくなり、消費者は無駄に高価なものを買わずにすむので——装飾がないもののほうが安価であるため——裕福になるというのだ。

ロースの主張は首尾一貫している。刺青などの身体装飾や、衣服に付随する無駄な装飾は「未開民族」のやることであり、無装飾であることが現代的だと述べる。それゆえモダニズム＝無装飾という図式が生まれた一因をそこに求めることもできるのだろう。だが、ロースはあるアンケートに次のように答えている。

人間の心に作用する精神面から考えてみると、装飾はその効用上、労働の単調さに飽く労働者たちの気持ちを和らげる効果があるだろう。たとえば毎日八時間、耳をつんざく騒音に満ちた工場内で機織り機に座りつづける女性にとって、色とりどりの糸を針に通す瞬間、この作業は喜びどころか救いですらあるだろう。[*19]

装飾が効果を持つ。それはすなわち、装飾は機能を有するということにほかならない。衣服のことで考えてみれば、たとえばフリルやリボンは近代以前のヨーロッパでは男性服に用いられていたが、現代においては《女性的》なイメージを与えることは否めない。現在はロエベのデザイナーも務めるJ・W・アンダーソンは二〇一三年秋冬メンズコレクションでフラウンス（フリルよりも幅の広い壁縁飾り）があしらわれたショートパンツや首元にギャザーが寄せられたトップスを発表して話題をさらった。これはディテールの意味——《女性的》か《男性的》か——を効果的に使うことにより、男性モデルが女性服を着ているようなイメージを与えたからである。このフラウンスやギャザーがなかったとしたら、受け手に与えるイメージがまったく異なっていたであろうことは言わずもがなである。あるいはポロシャツの左胸にしばしば付されるワニやペンギン、あるいは傘などの刺繍。これらは「ブランドを指し示す」機能や「刺繍のついた箇所に視線を集める」機能を持つ。つまり、装飾と機能はまったく対立するものではない。むしろそれは機能に包含されるものであるのだ。

ロース以降、建築やプロダクトデザインは無装飾のほうへと進むことになる。それらに関してこれまで「機能主義」「合理主義」なる言葉が与えられてきたが、すでに述べたように、装飾がないことをもって機能主義の名を与えることは不合理である。事実、エイドリアン・フォーティーは『言葉と建築』で、近代建築の重要な概念とされる「機能」は事後的に発見されたと述べている。[20]フォーティーはまた、「サリヴァンにおける「機能」は、いかなる点でも有用性《ユティリティ》や使用者《ユーザー》の必要性《ニーズ》とは無関係[21]」だと指摘する。このような装飾と機能にまつわる誤解はいまにはじまったことではなく、一八世紀から起きているようだ。建築について「機能」という言葉を初めて用いた一八世紀ヴェネツィアの托鉢僧であるカルロ・ロドリは「建物を理性と統合し、その機能を表象たらしめよ[22]」という標語によって、素材の内在的な特性に基づいた装飾のシステムを提案したが、このロドリの主張が後に建築理論家のフランチェスコ・ミリツィアによって「過剰な装飾への反対」と誤読されて一般に普及してしまった。[23]こうして見てみると、機能を持たない装飾という誤解はかなり根深いことがわかるだろう。芸術について卓見を示し続けたポール・ヴァレリーでさえ、装飾の存在理由を次のように考えている。

空虚への恐怖というものがあり、これに対する補足がやがて装飾になるでしょう。感受性は、時間または空間の空虚、真っ白なページというものに耐えることができません（中略）。空虚な時間を埋め、空虚な空間を満たしたいという欲求はごく自然な欲求です。装飾もまたそれ以外の起源を持つものではないでしょう。[*24]

もし装飾が空虚への恐怖によって生まれるものであれば、何の機能も持たないかもしれないが、すでに見たように装飾は機能を持ちうる。だがこれだけでは装飾の理解が十全だとは言いがたい。そこで、ひとつの補助線を引くことにしよう。それは「エレガント（エレガンス）」という概念である。

コレクションのレビューでしばしば見られるこの言葉は、実のところどのような状態を指しているのかよくわからないまま使われているような印象を受けるが、語源となるラテン語のelegantem（立派な）がeligere（選ぶ）に由来する語であることに鑑みるならば、エレガントとは選び抜かれた諸要素のみで成り立っている状態だと言うことができる。これは、フランスの飛行士にして文筆家のアントワーヌ・ド・サン＝テグジュペリが言うところの完全性の概念に近いだろう。サン＝テグジュペリは「完全性に到達したと言えるのは、もはや何も付け足す必要がなくなったときではなく、何も削る必要がなくなったときらしい」[*25]と語る。それ以上何かひとつの要素が欠けると成立しないようなぎりぎりのバランス、それこそがエレガントという言葉が意味するところではないだろうか。実は、この状態はすでにマティスの発言のなかに示されていたのである。三度マティスに登場願い、本稿をまとめてもらうことにしよう。

人体が占めている場所、それらを取りまく余白の空間、釣合いなど、そこでは一切が役割をもっている。構成は画家が自分の感情を表現するために配置するさまざまの要素を装飾的な仕方で整えるわざである。タブローのなかで、各部分ははっきり見えてくるようになり、主要なものであれ、二次的なものであれ、それぞれに与えられた役割を演ずるようになる。したがって、その絵のなかで用のないものはすべて有害である。一つの作品は全体として調和がなければならない、つまり、余計な細部があれば、みんなそれが観る人の心のなかで別の本質的な細部の地位にとって代ってしまうからである。

あらゆる要素が役割＝機能を持ち、余計な細部がなく、全体として調和した状態。これはサン＝テグジュペリが言う完全性の概念そのものである。ファッションデザインにおける装飾の機能は、イメージの創出、視線の誘導、何ものかの象徴とさまざまだが、刺繍にせよフリルにせよ柄にせよ、それがなくなってしまうと存在様態が変わってしまうような要素は、決して不合理なものではない。むしろ合理的で機能的なものなのである。

二〇世紀前半までのフランスでは、いわゆるファッションデザイナーのことをクチュリエ（女性の場合はクチュリエール）と呼んでいたが、プレタポルテ（高級既製服）がオートクチュール（高級仕立服）に取って代わる一九六〇年代からはその呼称がスタイリスト——フランス語の発音ではスティリスト——へと変わる。このことは、字義的にはファッションデザイナーの仕事がもはや、自ら針と糸を操る「仕立て屋」ではなくなったと理解することができるであろう。だが、これまで論じてきた「スタイル」の意味をふまえるならば、別の理解が可能となる。

二〇世紀に入ってから、シルエットを決定づける一要素である女性服のスカート丈は漸次的に短くなる。二〇世紀初頭まではくるぶしを見せることすらタブー視されていたが、シャネルの時代にはスカートの裾は膝下まで上がり、六〇年代にはミニスカートが登場する。さらには、女性用のパンツまでもが発表され、普及しはじめる。これはすなわち、ほぼすべてのシルエットが出揃ったこと、換言すればデータベースがほぼ完成したことを意味する。そうなると新しいシルエットを作ることは難しくなり、必然的にファッションデザイナーの仕事は諸要素を組み合わせることへと移っていく。こうしてファッションデザイナーは構成する者《スタイリスト》と呼ばれることになるのだ。

しかしながら、この先に待っていたのが明るい未来だったとは言えないかもしれない。ファッションデザインを専門とする者でなくともデータベースからの選択によって、何とはなしに衣服を作ることができてしまうからだ。すでに見たようにデータベースからの選択行為はほとんどの場合既存のエクリチュールの虜囚となり、新たな型が生まれることは滅多にない。しかし私たちがそのような現在にいるからこそ、ファッションデザイン批評の存在意義があるとも思われる。いまファッションデザイン批評がなすべきことは、一見してわかるシルエットのみならず、さまざまな装飾的要素の意味を再検討し、そのコーディネイトを言語化していくことだろう。そうすることによって、新たなエクリチュール＝型が生まれるはずだから。

＊1　エドモンド・シャルル・ルー『シャネルの生涯とその時代』秦早穂子訳、鎌倉書房、一九八一年、三三六頁。

＊2　一九九〇年代以降、ラグジュアリー・ブランドに招かれるデザイナーの多くは、その肩

書を「クリエイティヴ・ディレクター」あるいは「アーティスティック・ディレクター」とすることが多いが、その仕事に大きな違いがあるわけではないのでここでは「デザイナー」と呼ぶことにする。

＊3　たとえばHラインはウェスト部分の横のラインが必要となるので、厳密に言えばすべてが輪郭のみによって成立しているわけではない。

＊4　ブルーノ・ムナーリ『芸術としてのデザイン』小山清男訳、ダヴィッド社、二〇一四年（初版一九七三年）、四七頁。

＊5　同書、四七頁。

＊6　ただし、この時代に様式が初めて議論の俎上にのせられたわけではなく、様式論の嚆矢としては一八世紀のヴィンケルマンを挙げることができる。

＊7　マイヤー・シャピロ、エルンスト・H・ゴンブリッチ『様式』細井雄介・板倉壽郎訳、中央公論美術出版、一九九七年、三頁。

＊8　レーモン・クノー『レーモン・クノー・コレクション7　文体練習』松島征他訳、水声社、二〇一二年を参照。

＊9　ロラン・バルト『エクリチュールの零度』森本和夫・林好雄訳、筑摩書房、一九九九年、二一頁。なお、この訳書ではlangueが言語体、styleが文体と訳され、それぞれに「ラング」

「スティル」とルビが振られているが、本書の他の用法との混同を避けるため、それぞれカタカナのみで「ラング」「スティル」と表記する。

＊10 同書、二九頁。

＊11 ここで取り上げたエクリチュールの例については難波江和英・内田樹『現代思想のパフォーマンス』光文社、二〇〇四年を参照。

＊12 Valerie Steele, "Chanel in context", in Juliet Ash and Elizabeth Wilson (eds.), *Chic Thrills: A Fashion Reader*, University of California Press, Berkeley and Los Angeles, 1993.

＊13 ディック・ヘブディジ『サブカルチャー——スタイルの意味するもの』山口淑子訳、未来社、一九八六年、四五頁。

＊14 アンリ・マティス『画家のノート』二見史郎訳、みすず書房、一九七八年、四一頁。マティスの作品における配置と構成の問題については平倉圭「マティスの布置——一九四五年マーグ画廊展示における複数の時間」『かたちは思考する——芸術制作の分析』東京大学出版会、二〇一九年を参照。

＊15 天野知香『装飾／芸術——19-20世紀フランスにおける「芸術」の位相』ブリュッケ、二〇〇一年、五頁。

＊16 同書、五頁。

＊17 エルンスト・H・ゴンブリッチ『装飾芸術論』白石和也訳、岩崎美術社、一九八九年、一六頁。
＊18 アドルフ・ロース「装飾と犯罪」『にもかかわらず』鈴木了二・中谷礼仁監修、加藤淳訳、みすず書房、二〇一五年、八三頁。
＊19 アドルフ・ロース「装飾と教育——あるアンケートへの回答」同書、二一〇頁。
＊20 エイドリアン・フォーティー『言葉と建築——語彙体系としてのモダニズム』坂牛卓・邊見浩久訳、鹿島出版会、二〇〇六年。
＊21 同書、二六四頁。
＊22 同書、二五九頁。
＊23 同書、二六〇頁。
＊24 ポール・ヴァレリー「芸術についての考察」『ヴァレリー集成V——〈芸術〉の肖像』今井勉・中村俊直編訳、筑摩書房、二〇一二年、三四六頁。
＊25 サン゠テグジュペリ『人間の大地』渋谷豊訳、光文社、二〇一五年、八二頁。

第三章　モダニズム再考

モダニズムとは装飾の排除なのか

前章までに扱った「デザイン」や「スタイル」のように、日常に入り込んだ言葉は厳密な定義を共有し続けるのが困難なため、意味が拡散していきがちである。言葉はそもそも生き物であり、時代によって移り変わるのは当然だと言える。とはいえ、意味が拡散したまま放置すると、話し手と聞き手のあいだにひとつの言葉に対する共通理解が得られなくなり、コミュニケーション不全におちいってしまう。それゆえチューニングのように、言葉の意味を――かりそめのものであっても――調整する作業が必要となる。

ファッションの用語で意味が不明瞭なのは、右記のような日常語として使われているために意味が拡散したものだけではない。いわゆる専門用語も同様である。芸術のあらゆるジャンルでも、歴史を理解するために時代区分が必要とされたり、作家や作品を理解する補助線としてさまざまな概念が規定されたりする。たとえば、美術の歴史であれば、ゴシック、ルネサンス、バロックといったようにその時代の特徴によって分類されてきた。一九世紀後半以降は、さまざまな「イズム」が生まれ、そして消えていった。印象派、象徴主義、キュビスム、未来派、シュルレアリスム、モダニズム、ミニマリズム、シミュレーショニズム……。これらの「イズム」は、作家が自称することもあれば、批評家などの第三者から名称を与えられることもあった。あるいは第二次世界大戦後、アルテ・ポーヴェラやアンフォルメルのように批評家が類似の作風を持つ作家をひとつの概念でくくることもなされてきた。

未来派やシュルレアリスムのように、誰がその分類に属するのか決定する主導者がいる運動であればその内実を理解するのはきわめて容易である。だが、モダニズムのように、明確な運動体として存在していない分類法の場合はそうではない。誰かがそれを定義しなければ、その指示対象が何なのか、あるいは誰なのかわからない。ここで美術を例に出すのは、美術史においては研究者や批評家などがその役割をきちんと果たしてきているからだ。誰かが定義を試み、それをまた別の誰かが批判的に検証する。そうした積み重ねによって言葉が共有の財産となる。これは辞書の役割とはまったく異なる。辞書は実際の用法を元に意味を固定していくものであり、理論家が自身の考えで定義を試みるのとは逆の作業である。ファッション史あるいはファッションデザイン史においては、こうした定義の試みがまったくといっていいほどなされてこなかった。

たとえば「モダニズム」は、一般には二〇世紀初頭にプロダクトデザインや建築の分野で流行した、装飾を否定する風潮を表す言葉としてよく知られている。それをそのままファッションデザインにあてはめ、ファッションデザイン史におけるモダニズムをココ・シャネルに見出すことがしばしばある。その理由としては、第一章で述べたとおり、プロダクトデザインや建築のモダニズムを代表するバウハウスやル・コルビュジエと同時代に活動していたこと、装飾が少なく、かつ動きやすい膝丈のスカートなどを提案していたことに起因する。

現在でもコレクションレポートで「モダンな」という形容詞を頻繁に目にするが、それが指している意味を理解することは困難である。用例を見る限り、それは「装飾の少ない服」を指す言葉として使われているような印象を受ける。だが、モダンとは装飾の少なさを意味するのではない。それはもともと「現代的」を意味し、時を経るにつれて「近代的」と訳されるようになる時代区分を表す言葉であり、その言葉自体には何かしらの主張が含まれているわけではない。モダンから派生する言葉として、「モダニティ」や「モダニズム」があるが、前者はそこに顕著に現れている状況や性質を示すもの、後者はモダニティを推し進めようとする態度のことだと理解できる。つまり、装飾の多寡を問題にするのであれば、モダンではなくモダニティやモダニズムの語を使わねばならない。ただしここで生じる疑問は、そもそもモダニズムを装飾の排除として理解しても良いのだろうか、というものである。

ファッションデザイン史において、装飾を排した服が現れたと言われるのは、二〇世紀に二回ある。ひとつは先述のシャネルであり、もうひとつは一九九〇年代に活躍したヘルムート・ラングである。これまでシャネルにはモダニズムの語が、そしてヘルムート・ラングには「ミニマリズム」の語が与えられてきた。果たして、このふたつの言葉にはどのような差異があるのか、あるいは差異はないのか。モダニズムは、それが用いられる分野によって意味内容が変わる厄介な言葉であるため、まずはミニマリズムがどのような概念であるのか検討することからはじめたい。

ミニマリズム——反復と差異

ヘルムート・ラングの服をミニマリズムと呼ぶ場合、そこに含まれるのは「装飾が少ない服」くらいの意味である。であれば、「シンプル」と「ミニマル」の違いはどこにあるのだろうか。また、「イズム」をつける意味はどこにあるのだろうか。ミニマルを字義どおりに受け取るならば、白いTシャツやインドのサリーのような一枚の布をまとうだけの服がそう呼ばれる資格を持つのではないだろうか。ファッションにおけるミニマリズムを考察するために、例のごとく他ジャンルの歴史を参照することで、理解の糸口をつかむことにしよう。

文学と建築では、ミニマリズムがファッションと同じような意味で用いられている。文学では一九八〇年代のレイモンド・カーヴァー、建築では一九九〇年代のペーター・ツムトアらの作品がミニマリズムと呼ばれるが、それらは「装飾（修辞語）の少なさ」や「シンプル」といった言葉で定義される（もちろん、細かく言えばもう少し複雑なのだが）。だが、この定義はファッションと同様不十分であるように思われる。ミニマリズムを「装飾の少なさ」によって定義するのなら、もっとも優れたミニマリズムの作品は要素を「最小限」まで切り詰めたものであるはずだが、それは不可能である。文学だと物語が成立しなくなってしまうし、建築はただの箱になってしまうからだ。

そもそもミニマリズムの語は美術と音楽において用いられはじめた。美術におけるミニマリズム――ミニマル・アートと呼ばれることも多い――の代表的作品は箱状の立体物を積み重ねたドナルド・ジャッドの「スタック」シリーズだろう。たとえばニューヨークの近代美術館に所蔵されている《無題（スタック）》（一九六七年）では、同サイズの緑色の一二個の直方体が等間隔で垂直に並べられている。この作品の「ミニマル」とは、ある限定された要素を組み合わせたユニット（単位）を示しており、必ずしも極限まで要素を削ぎ落とすことを意味しない。仮に、ミニマルが極限としての最小を意味するのであれば、色彩があってはならないし、直方体ではなく立方体になるはずである（直方体はそれぞれの面のサイズが不均等なため前後左右を生み出すが、立方体は六つの面を区別することができない）。むしろジャッドの作品で重要なのは、反復の概念である。作品を構成するものがたったひとつの箱であった場合と比べると、一二個の箱が反復された状況は単位となる箱をより強調することとなるだろう。同一のものの反復は、同一性を強調することにつながるからだ。

音楽におけるミニマリズムもほぼ同様である。スティーヴ・ライヒの作品に代表されるように、ある短い旋律――これも「最小限」というわけではない――を少しずつ変化させながら反復によって楽曲を作り上げていく。ミニマル・ミュージックの場合は反復が差異を生み出すことにも注意せねばならない。たとえばライヒの《ピアノ・フェイズ》（一九六七年）では、二台のピアノの演奏の速度のズレによって差異を生み出していく。このことは、しばしばライヒの楽曲を用いた作品を発表しているダンスカンパニーのローザスの作品についても同じことが言えよう。複数のダンサーが同じ動作で踊り、それが少しずつずれながら反復され、差異を生み出し、繰り返される旋律とその動作を強調していく。美術、音楽、ダンスのいずれにせよ、任意の限定された要素を反復させる――時間的にせよ空間的にせよ――ことによって、その要素を浮き彫りにするのがミニマリズムだと言うことができる。

では、なぜ文学のミニマリズムは反復によって定義されなかったのか。それは、ひとつには物語を軸としたジャンルでは小さなユニットの反復によって作品を形成することが難しいからという理由があるだろう。反復によってユニットの同一性あるいは差異を強調することはできたとしても、それだけでは物語を前に進めることができず、起承転結を作り出せない。反復によって作られた例外的な物語作品として、二〇〇九年にテレビ放映されたアニメ『涼宮ハルヒの憂鬱』（第二期）の「エンドレスエイト」を挙げることはできる。「エンドレスエイト」はSFなどによく見られる、いわゆるループもの——登場人物が同じ時間を何度も繰り返し、そこから抜け出すことができなくなる——であり、ある年の八月一七日から三一日までの一五日間を一万五四九八回繰り返しているという設定である。原作ではループから抜け出すことのできる一万五四九八回目のみが描かれていたが、アニメ版では実際にループする演出がなされるオリジナル版が制作された。八回のループはほぼ同じストーリーが展開されるが、より正確に言えば、一回目はループに気づくことなく八月一一日を迎え、二回目から七回目は同じ一五日間を繰り返し、ようやく八回目にループから脱出できることとなる。だが、この八回はまったく同じ映像を放映したわけでない。構図のみならず登場人物の行動や台詞が微妙に変えられている。その意味では、一見すると音楽やダンスのミニマリズムと同種の試みに思われるかもしれないが、「エンドレスエイト」は他のループものの作品と同様、最後にループから脱出することによるカタルシスがある。つまり、反復は乗り越えられるべきものだと捉えられており、反復は決して目的となりえない。一方、音楽やダンスのミニマリズムは最後まで淡々と反復が行われ、そのまま終わりを迎える。そこでは反復することそれ自体が目的となっている。それに対応する文学作品としては筒井康隆の小説『ダンシング・ヴァニティ』（二〇〇八年）がある。この作品はさながらライヒの楽曲のように、反復が差異を生み出しながら物語が前に進んでいく。しかも、その反復から脱出することが目指されることもない。美術や音楽の例をふまえるならば、反復それ自体が目的となっている『ダンシング・ヴァニティ』のような作品こそ文学のミニマリズムと呼ぶべきなのかもしれない。

翻ってファッションデザインのミニマリズムはどのようなものになるだろうか。服飾史家のエリッサ・ディマントはミニマリズムにおいて反復が重要な概念であることを理解した上で、ファッションのミニマリズムがどのようなものか考察している。彼女は一例としてフセイン・チャラヤンの一九九八年秋冬コレクションを取り上げる。このシーズンのファッションショーでは、中盤に頭部までもが布地で覆われた——しかもラグビーボールのような形状にされている——モデルが登場する。彼女たちは皆、アイテムやディテールは異なるものの、全身黒一色のコーディネイトに身を包み、顔が隠されているがゆえに似たような雰囲気を漂わせる。さらにはランウェイ上に置かれた鏡によってモデルが二重三重に増幅して見えるような演出がなされていた。ディマントはこのシーンを取り上げ、似たような身体の連続を反復だと捉える。[*1] だが、ライヒにしてもジャッドにしても、原則として反復されるものは同一だとみなされなければならなかったことをいま一度思い起こそう。「みなされる」と書いたのは、必ずしも同一である必要はなく、同一性が見出されれば完全に一致していなくとも構わないと考えられるからだ。たとえばローザスのダンスであれば、腕を上げる角度や動かすスピードなど、各ダンサーによって微妙に異なるが、それでも「同じ動作をしている」と見る者に認識されさえすれば、擬似的に同一だと考えることができよう。「エンドレスエイト」も細部に差異があるとはいえ、視聴者は「同じ物語が繰り返されている」と捉えていたはずである（でなければ批判を受けるはずがない）。つまり、反復するものは、「似ている」だけでは不十分であり、どこかで同一性が担保されなければならないのだ。

そう考えると、チャラヤンのショーのモデルは、ディマントが言うように「個々の身体や人格の特徴が抑え込まれて」いるものの、身につけている服が異なるためにあくまで「類似した人物像」でしかない。それが複数並んで歩いたところで、ジャッドやライヒのような反復の効果を生み出すことはない。それゆえチャラヤンのショーをミニマリズムと呼ぶことは、ミニマリズムの曲解と言わざるをえないだろう。

装飾が少ないという理由だけでミニマル／ミニマリズムという言葉を使うのならば、すでに述べたように無地の白いTシャツのようなものこそがもっともミニマルなアイテムになるはずだ。あるいは、無理に反復というキーワードで何かしらの作品を語ることもできる。

ディマントがチャラヤンにミニマリズムを見出したように、この概念を「限定された要素の反復」と捉えるのであれば、メゾン・マルタン・マルジェラから毎シーズン色を変えて販売されている通称エイズTシャツ（売上の一部がエイズ撲滅運動を行っている機関に寄付される）の反復性や、マイナーチェンジは行っているものの、基本的なフォルムやロゴを変えずに販売され続けているラコステのポロシャツなど、ファッションのミニマリズムと呼べなくもないものはある。だが、言葉の濫用は避けなければならない。そうしてしまうと、定義が曖昧なものとなり、物事や現象の理解から逆に遠ざかってしまうし、逆に参照元の理論も不安定になってしまいかねない。ときには他分野の用語の適用をあきらめるいさぎよさも必要だろう。私たちはそのジャンルの固有性を考えながら、適した概念をあてはめていかねばならない。

実は、美術のミニマリズムはモダニズムと強く関係している。それどころか、美術のミニマリズムはモダニズムから生まれたと言っても過言ではない。そう考えると、ファッションにおけるモダニズムの定義が曖昧なのであれば、必然的にファッションのミニマリズムも曖昧になってしまうのもうなずける。そこで、次はモダニズムについて見ていこう。

美術におけるモダニズム——ジャンルの固有性

美術史あるいは美術批評の文脈では、モダニズムは美術批評家クレメント・グリーンバーグの定義に則して論じられることが多い。彼は「モダニズムの絵画」において次のように語っている。

> 西洋文明は、自己自身の基盤を顧みて問い直した最初のものではないが、そうすることを最も突き詰めていった文明である。私は、モダニズムを哲学者カントによってはじめられたこの自己－批判的傾向の強化、いや殆ど激化ともいうべきものと同一視している。[*2]

「自己－批判的傾向の強化」とは、換言すれば自己の固有性を徹底的に純化させることである。絵画の例に則して言えば、絵画が絵画であるゆえん、すなわち「絵画が絵画であることをやめて任意の物体になってしまう手前ぎりぎり」[*3]を追求することがモダニズムの絵画の使命なのだ。グリーンバーグによれば、絵画の固有性――メディウム・スペシフィシティという用語が与えられた――とは平面性にほかならない。ルネサンス以来の遠近法は絵画空間に奥行きを与えたが、その三次元性は彫刻的であるために、絵画には不要だと考えられるのである。また、宗教画などに見られる物語性は文学の範疇に属するものであるため、これまた排除されるべきものとなる。グリーンバーグは、こうした平面性を追求するモダニズムの絵画の出発点をエドゥアール・マネに見出し、ジャクソン・ポロック――塗料を筆からキャンバスに飛ばすドリッピングやポーリングという技法によってオールオーヴァーな（全面を覆う）絵画を描いた――をはじめとする抽象表現主義の画家たちをモダニズムの到達点だと評価した。そして、この理論を受けて彫刻の固有性をつきつめ、それを純化させたのがジャッドの作品である。絵画において物語が不要なように、彫刻にも物語や特定の人物の性格などを表象することは不要であると考えられ、ジャッドは彫刻を単純な三次元的形態へと還元し、「スタック」シリーズなどを制作した。彼の作品はその形態の単純さゆえに「ミニマリズム」と呼ばれることになる。

このように、モダニズムという言葉はジャンルによってその意味が異なる。建築やプロダクトデザインのような「装飾の排除」によってシャネルにモダニズムの語を適用することができるのならば、グリーンバーグ的な意味でのモダニズム、つまりジャンルの固有性の純化という意味においてファッションデザインのモダニズムを考えることもできるはずだ。これまでに幾度となく述べているように、ファッションという言葉は多義的かつ曖昧であり、そのままでは固有性を問うのが難しい。それゆえ、ここでは衣服の固有性について考えるところからはじめよう。

衣服の特徴をいくつか挙げてみると、布地の使用、平面から立体への変換（平面的な布地を身体に着せると立体的になる）、断片の組み合わせ（型紙にあわせて裁断されたパーツを糸で縫い合わせていく）などなど、さまざまに考えることができる。だが、布地を使用するものには椅子やカーテンなどもあり、平面から立体に変換されるものには建築――床や壁といった面を構成して立体を作り上げる――もあり、断片を組み合わせるものにはコラージュもある。おそらく衣服にあって他のジャンルにないものは「身体がまとうもの」という特徴であろう。身体を保護する、あるいは身体の覆いとなるものとしては建築も挙げられるが、身体がまとうものは衣服だけである。これは、衣服を第二の皮膚とする考えと親和性が高いように思われる。

第二の皮膚としての衣服という考え方は、メディアについての理論を展開したマーシャル・マクルーハンに由来する。マクルーハンは衣服について次のように述べている。

> 皮膚の拡張としての衣服は、熱制御機構であるとともに、社会的に自己を規定する手段でもあると見ることができる。この点で、衣服と住宅はわれわれに身近な一対をなす。[*4]

マクルーハンの主張のポイントはふたつある。ひとつは皮膚（身体）の体温調節機能への着目である。人間の身体はそれ自体が体温調節機能を持っている。そのため外界の温度が多少変動しても体温はあまり上下しないが、そうとは言っても気温が零下の世界では裸で生きていくことはできない。しかし、衣服があれば寒さから身を守ることができ、そのような状況でも生活することが可能となる。その意味で、衣服は身体の拡張となる。

もうひとつの「社会的に自己を規定する手段」とは、アイデンティティに関わるものと言えるだろう。衣服には着用者の身分や所属を表示する機能がある。人間は裸の状態でも、その性別や人となりを推測することができるが、衣服があればさらにそれがわかりやすくなる。このように、衣服は生物学的な意味で身体を拡張するのみならず、社会的にも身体を拡張するものなのだ。マクルーハン自身が明確にそう述べているわけではないものの、衣服が第二の皮膚と呼ばれるゆえんはここから生まれている。

先にも述べたように、身体を覆うものとしては衣服だけでなく建築もあるが、身体がまとうものは衣服だけである。つまり、衣服は身体から離れれば離れるほど建築的な様態へと近づき、衣服の固有性を失っていく。逆に言えば、衣服の固有性の純化とは、限りなく皮膚に近づくことだと言えよう。ただし、決して皮膚になってはいけない。グリーンバーグはこう語っていた。

> モダニズムは、絵画が絵画であることをやめて任意の物体になってしまう手前ぎりぎりまで際限なくこれらの制限的条件を押し退け得ることに気づいてきた。(中略)モダニズ

ムの絵画が自己の立場を見定めた平面性とは、決して全くの平面になることではあり得ない。*5

モダニズムの絵画は平面性を追求しながらも、「全くの平面になることではあり得ない」とグリーンバーグは言う。同様に考えるならば、衣服は皮膚を目指しながらも、決して皮膚になることは許されない。衣服が衣服であることをやめる手前ぎりぎりでとどまらなければならないのだ。だとすれば、衣服のモダニズムとは一九八〇年代に流行した、アズディン・アライアに代表されるボディコンシャスなシルエットに行き着くのではないか。これはグリーンバーグ的な意味でのモダニズムを出発点とした場合のひとつの解である。だが、ファッションのモダニズムを第二の皮膚的な様態と結論づけるのはいささか性急である。実のところグリーンバーグのモダニズムの用法はきわめて特殊なものであり、多くの思想家や批評家が考えるモダニズムとはやや異なっているからだ。モダニズムの本質がどこにあるのか探るために、次に「モダン」の歴史をさかのぼっていくことにしたい。

ボードレールとモダニティ

モダニズムに関する議論において多くの論者に共通するのは、アヴァンギャルドとの関連性、そしてそのはじまりを詩人のシャルル・ボードレールに見出す態度である。『モダンの五つの顔』を著したマテイ・カリネスクによれば、もともとラテン語では「新しい（modern）／古い（ancient）」という対立は存在しなかったという。それは、古代ローマ人が通時的関係に無関心であったためだとカリネスクは指摘する。[*6] 現代では「modern/classic」という対立は自明のものだが、紀元後二世紀には classic（ラテン語では classicus）の意味は「第一級の」であり、その反意語は「新しい」ではなく「低俗な」であったとされる。その後、五世紀末になってモダンの語源となる modernus（「いまの」、「われわれの時代の」を意味する）が使われるようになる。だが、そこには決してポジディブな意味がつねに込められていたわけではない。とりわけ一七世紀末にフランスで起こった新旧論争――古代文学と現代文学のどちらが優れているか議論された――に至るまでは、古典のほうが優れていることは自明の理だとされていたのである。

その後一九世紀になって、ボードレールが新しさ＝現代性に積極的な意味合いを与えたがために、モダンはボードレールの名とともに語られることとなった。まずはボードレールの発言を確認しておこう。彼は画家のコンスタンタン・ギースについて論じた「現代生活の画家」でこのように述べている。

かくのごとくに彼［ギース］は行き、彼は走り、彼は索《もと》める。何を索めるのか？ むろんのこと、私が描いてきた通りのこの男、活潑な想像力に恵まれ、つねに人間たちの大砂漠を過《よぎ》って旅するこの孤独な人は、純然たる遊歩者よりは一段と高い目的を、めぐり合わせ《シルコンスタンス》のうつろい易い快楽とは違った、より一般的な目的をもっているのだ。彼の索めるあの何ものかを、現代性と名づけることを許していただきたい。なぜといって、そうした観念を言い表すのにこれより良い語は見当らないのだから。彼のめざすところは、流行《モード》が歴史的なものの裡に含み得る詩的なものを、流行の中から取り出すこと、一時的なものから永遠なものを抽出することなのだ。[*7]

ここでボードレールは、モダニティを流行から詩情や永遠性を抽出することだと考えている。流行とはすなわち、現在の表象だと言うことができる。流行はその定義からして過去性も未来性も薄いものだからだ。「流行といえばすべて、すでにその概念からして儚い運命にある」[*8]とは一八世紀の哲学者イマヌエル・カントの言だが、彼が指摘するように、仮に流行が長続きしてしまうとそれは流行ではなく慣習となってしまうがために、流行はその発生からして短命であることが宿命づけられている。それゆえ、流行という概念は強い現在性を帯びるのである。

ボードレールのように現在を称揚する態度は畢竟、進歩史観――ボードレール自身は進歩という観念を嫌悪していたにもかかわらず――を生み出す。「いまここ」に魅力を見出すことは、昨日よりも今日のほうが素晴らしい、そして今日よりも明日のほうがさらに素晴らしいという思考につながるからだ。この進歩史観は流行という現象ときわめて相性が良い。ある時点で新たに生まれたものは、その新しさがゆえに肯定的な評価を与えられるが、そのすぐ後には古びてしまい、価値が下がることとなるだろう。これはまさに、近代以降の大量生産・大量消費社会が新しい流行を次々に生み出し、かつて流行したものに「流行遅れ」の烙印を押し、存在価値のないものとして貶めてしまうこととパラレルである。しかしボードレールは、一九世紀前半までは軽薄なものとして軽んじられ続けてきた流行にも肯定的な価値を見出し、「あらゆる流行《モード》は魅力的である」[*9]というアフォリスムを道理にかなったものだとみなす。

流行は字義どおり「流れ行く」もの、すなわちエフェメラルなものである。現在は刻一刻と過ぎ、とどまることを知らない。一分前、一秒前とは異なる時間性を持つ現在は、つねに何がしかの新しさを含んでいなければならない。だが、新しいものはいずれ――というよりむしろすぐに――古びることが運命づけられているため、新しさの賛美はある種の自家撞着に陥る危険性をはらんでいる。哲学者のユルゲン・ハーバーマスはモダンについてこのように述べている。

ベルクソンとともに哲学の中にも入ってきたこの新しい時間意識が表わしているのは、ただ単に流動化した社会とか、動きの早くなった歴史とか、日常生活における非連続性といった経験にとどまるものではない。それだけではなく、一時的なもの、瞬間的で過ぎゆくもの、またうつろいやすいものの価値を高めたことであり、こうしたダイナミズムへの讃美の中に表明されているのは、静止した汚れなき無垢の現在を求める憧れの念なのである。その点でモダニズムは、たえず自己自身を否定する運動であり、オクタビオ・パスによれば「真の現在への憧れ」であり、まさにこれこそが「モダニズムの最良の詩人たちの秘密のテーマ」なのである。[*10]

ハーバーマスが述べるように、つねに新しさを求めるモダニズムは自己を否定する運動と言い換えることができる。グリーンバーグは固有性を純化させるという意味において「自己-批判」とモダニズムを定義したが、実のところモダニティの本質は自己否定なのだ。さらに言えば、モダニズムにおいて否定されるのは自己だけではない。モダニズムの態度を推し進めていくと、そこでは歴史や伝統も否定されることになるだろう。これはアヴァンギャルドの芸術家たちの主張とも通ずる。未来派にせよダダにせよ、アヴァンギャルドの運動体は過去との断絶を目論んでいた。伝統は否定されるべきものであり、新しく何かを創造することが至上の命題であった。

先にも述べたとおり、モダンとアヴァンギャルドはしばしばセットで語られ、あるいはほぼ同義として使われる言葉である。アヴァンギャルドはもともと軍事用語であり、日本語では「前衛（部隊）」と訳されるが、美術やファッションの文脈においてこの概念をどのように理解すべきなのか検討してみよう。

コム・デ・ギャルソンはアヴァンギャルドか？

ファッション業界では現在もアヴァンギャルドという言葉が頻繁に使われる。ほとんどの場合、この言葉はコム・デ・ギャルソンのコレクションに見られるような「奇抜で日常生活では着られないような服」を指している。だが、そうした服は二一世紀のいまも本当に前衛と呼べるのだろうか。カリネスクは『モダンの五つの顔』の一章をアヴァンギャルドに割き、このように説明している。

歴史的には、アヴァンギャルドは、モダンという観念のいくつかの構成要素を劇化し、それらをひとつの革命的な気風の礎石に変えることで一歩を踏み出したのだ。したがって、アヴァンギャルドという概念は、一九世紀前半およびその後においてさえ、急進化され、ユートピア化されたモダンのひとつのかたちにほかならなかった。[*11]

アヴァンギャルドの特性のさまざまな歴史的変遷のどの局面にも、モダンのさらに広汎な視野のなかに暗示されていなかったり、予示されていなかったようなものは、おそらくひとつとしてない。しかし、二つの運動のあいだには重要な違いがある。アヴァンギャルドは、あらゆる点でモダンより過激なのだ。[*12]

アヴァンギャルドは美術で言えば、未来派やダダ、シュルレアリスムやロシア構成主義などが代表的なものであろう。それはモダンをより過激にしたものなので、モダニズムの特徴である過去との断絶をより強く主張する。新しいテクノロジーである自動車や飛行機、写真や映画などを賛美した未来派。芸術作品は作者が自らの手で作り出すものだという先入観を捨て、市販されているモノを作品に仕立て上げるレディメイドのシリーズを次々に発表したマルセル・デュシャン。作者の意図を作品に組み入れないために、新聞紙から切り抜いた単語を帽子のなかから取り出して詩を作ったダダのトリスタン・ツァラ。アヴァンギャルドの作家たちはすべて伝統や慣習によって共有された前提を崩すことから制作をはじめている。音楽でも同時期に、ルイジ・ルッソロが騒音を取り入れたり、アルノルト・シェーンベルクらが調性を捨てた無調音楽を発表したりと、美術と同じような動きが見られる。これらは芸術に対して「美しさ」を求めていた一九世紀的な価値観を破棄したものだと捉えることができよう。

アヴァンギャルドなファッションデザインがどのようなものかを考えると、まずは先に名前を挙げたコム・デ・ギャルソンが思い浮かべられる。コム・デ・ギャルソンの川久保玲は山本耀司とともに一九八一年にパリコレクションにデビューしたが、その初期のコレクションは「黒の衝撃」と呼ばれ、半ば神話化されている。彼らが提案した、オーバーサイズで穴のあいたモノトーンの服は、次のように評されていた。

この貧乏主義は絶対にフィガロの読者の読者のためのものではない。このつぎはぎも、この真新しい古着も、ぼろぎれのようなあわてて結んだ布も、この葬儀の日の真っ黒も。顔が引きつったこの女性のような青ざめた化粧も。未来は苦悩だというようなぼろぎれのスノビズム。[13]

もちろん、批判もあったが、逆に新しい美しさだと賞賛されたりもした。そう聞くと、彼らの試みをダダや未来派のように過去との断絶を目指したアヴァンギャルドの芸術家たちの態度と重ね合わせることができるかもしれない。事実、いまでもそのような論調は少なくない。ただし、当時上述のような報道があったのは事実なのだが、それだけではなかったことに注意せねばならない。

『ヴォーグ』の一九八二年九月号に「日本――着物から遠く離れて」と題された記事が掲載された。そのタイトルから推測されるように、ここではフジヤマゲイシャ的なクリシェから距離を置きながら日本の現代ファッションについて論じられている。そこに次のような記述がある。

東京でもっとも興味深い新進デザイナーのひとりに、コム・デ・ギャルソンの川久保玲がいる。彼女は「日本のソニア・リキエル」と呼ぶことができるだろう。川久保は小柄で無口だが、彼女のように勇敢な女性はめったにいない。我が道を行き、マットな黒やグレーのさまざまな色調を用いたミニマルでアシンメトリーな服にこだわっている。その服は身体にわずかに触れるくらいのオーバーサイズで、身体のラインが見えるのは動いたときだけである。[14]

これまでコム・デ・ギャルソンを取り上げた言説においては、川久保玲をアヴァンギャルドなファッションデザイナーと捉え、賛否両論あるにしても、欧米に衝撃を与えたと言われてきた。[15]だが、この『ヴォーグ』誌の記事では、川久保は「日本のソニア・リキエル」と、先行するファッションデザイナーの系譜に位置づけられているのである。ソニア・リキエルは一九六〇年代に自身のブランドをはじめたニットを得意とするデザイナーで、「ニットの女王」とも呼ばれていた。彼女が川久保に先んじていたとされるのはなぜなのか。その理由はリキエル自身の言葉から窺える。

> 縫い目よ、裏側の縫い目たちよ、黙りなさい、もう何も言わないで。お前たちがあまりにも美しく、お前たちをちゃんと見られないことに我慢できなくて、私はお前たちを表に出したのよ。お前たちは自由そのもの。[16]
>
> 折り返し《ヘム》のかがりもほどいてしまう。終らせないために（完成させないために）。布地が勝

手に気に入ったところに納まるように、自由にさせて置いてやること。[*17]

ここからは、ソニア・リキエルが表裏をひっくり返したり、裾を切りっぱなしにしたりという作業をニットに施していることがわかる。川久保に与えられた「裂け目、ぼろ切れ、ぼろ着」という言葉は、穴あきや切りっぱなしによるものであったが、ソニア・リキエルはそれを先取りしていたのだ。そのことは、フランスで出版され、日本語や英語にも翻訳されている「Mémoire de la mode」シリーズのリキエルのモノグラフでも明確に指摘されている。

一九七四年、彼女〔リキエル〕は初めて縫い目を表にだしたアウトサイド・シームの服を提案した（ファッションにおいて、誰かが真に「初めて」であったことなど、いまだかつてないのだが）。第二の皮膚である服を裏返し、縫い目を見せ、服を「脱構築」した。それから数年後、その表現形式を多くのデザイナー、とくに日本のデザイナーたちが心ゆくまで活用することになる。[*18]

ここで言われている「日本のデザイナーたち」が川久保たちを指しているのは明白だ。もちろん川久保や山本とソニア・リキエルにはひとかたならぬ差異もあることは事実である。

とはいえ、川久保とリキエルの類似性がこれだけ指摘されているにもかかわらず、いまなおコム・デ・ギャルソンを一九八〇年代に突然現れたアヴァンギャルドとして語るのは不適切である。ファッションの世界に生きる者たちが、川久保、山本がソニア・リキエルの系譜に連なることを意図的に無視あるいは忘却し、新しさを捏造しているとしか言えないだろう。

もちろん、アヴァンギャルドと言っても過去からの影響がまったくないということはありえない。それゆえ、ソニア・リキエルからの流れを認めた上で、川久保をアヴァンギャルドだと論じることもできる。だが、仮に一九八〇年代の川久保がアヴァンギャルドであると認めたとして、現在の彼女にもアヴァンギャルドの称号を与え続けられるのだろうか。アヴァンギャルドとは前衛、すなわち時代の先にいることを意味する。川久保の日常着から離れた奇抜なシルエットの服が一九八〇年代においてアヴァンギャルドであったなら、それを反復し続ける川久保は、現代ではもはや中衛あるいは後衛にいると言えるのではないだろうか。移り変わりの激しいファッションの世界において、三、四〇年も同じようなものを作り続けるデザイナーが前衛であり続けられることなどないはずだ。

前衛を過去から切断された存在と考えるならば、歴史の転換点となる、ある特定の時点の作家あるいは作品こそにその称号を与えるべきであろう。その意味では、たとえば一九九〇年代であればマルタン・マルジェラがアヴァンギャルドと呼ぶにふさわしいファッションデザイナーである。マルジェラがアヴァンギャルドと呼ばれる理由は、ファッションを「コンセプチュアル」なものにしたからである。コム・デ・ギャルソンやヨウジ・ヤマモトらはソニア・リキエルの延長線上で、あくまで衣服のモノとしての側面における変革を試みていた。マルタン・マルジェラは、通常ブランドのロゴが印刷あるいは刺繡される首裏のタグをただの白い布にしたり、新作を発表することが暗黙の了解となっているコレクションで過去の作品を発表したり、あるいは美術館での展覧会でカビを生やした衣服を展示したりと、モノよりもコンセプトのほうが重視される作品を発表し続けた。つまり、マルジェラはファッションデザイン史において美術史で言うところのマルセル・デュシャンのような存在——一九一七年に男性用小便器に署名しただけの作品《噴水》を発表し、コンセプチュアル・アートの先駆者となった——だと考えられよう。デュシャンが美術のルールを一新したように、マルジェラもファッションのルールを変える可能性があったにちがいない。だが、マルジェラのブランドであるメゾン・マルタン・マルジェラはイタリアのファッションブランドであるディーゼルに事実上買収され、二〇〇〇年代末にはブランドからマルタン・マルジェラが去ったと報じられる。マルジェラのアヴァンギャルドとしての試みは、ファッションシステムの論理に飲み込まれてしまったのである。

文学研究者のポール・ド・マンは「文学史と文学のモダニティ」で次のように述べている。

流行(モード)は、眩い輝きを点したかと思えばほどなくして複製可能なクリシェに成り下がり、当の流行を産んだ欲望を失ってしまった創意の残滓に成り果てる。そうなってしまうやいなや――それもほとんどあっという間でありうる――流行とは往々にして、そうした根底的な衝動が過ぎ去った後に残った、モダニティの残滓にすぎなくなるのだ。流行は、火が唯一無二のかたちをしながら炎上した後に残した灰のようなものである――残るは痕跡のみであり、なにがしかの火が実際に起こったということが明らかになるにすぎない。[*19]

流行についてのド・マンの見解は、ファッションの世界においてもあてはまる。彼が述べるように、ファッションの世界もつねに「いまここ」にある新しさを切望しているが、新しさを手に入れるやいなや、それを燃やして灰にし、痕跡しか残らなくなる。いや、場合によっては痕跡すら残らないこともあるだろう。それは、ファッションの仕事に携わる人々が歴史の忘却を望んでいるからにほかならない。

たとえば二〇一〇年代からアニメやマンガなどのサブカルチャーからインスピレーションを得る、あるいは直接的にコラボレーションをするファッションデザイナーやブランドが増え、それがファッションの新しい動向のように語られることがあった。だが、そうしたサブカルチャーからの引用は一九九〇年代にも少なからず行われていた。にもかかわらず、その事実が指摘されることはほとんどない。それは、ファッションビジネスが新しさの誇示によって成立しているためだ。過去を意図的に忘却することにより生まれた新しさ、つまり捏造された新しさであったとしても構わない。過去や伝統を継承あるいは展開することよりも、過去とは異なる「現在性のエフェメラルなきらめき」をアピールすることが重要なのだ。

ファッションの世界はいまなおモダニズムに捉われている。あるいは、少なくとも捉われているかのように振る舞っている。オートクチュールのシステムを生み出したチャールズ・フレデリック・ワースはボードレールとほぼ同時代人であった。ボードレールがいまを称揚するために重視した概念であるモダニティは、いつしか「現代」から「近代」へとその意味が変化し、過去のものとなった。一方、ファッションはどうだろうか。大文字のファッションデザイン史はワースの考案したシステムのただなかにある。それは、つねに新しいものが生まれうるという単線的な時間軸を元にした歴史観、つまり進歩史観である。

一般に、モダンの後にはポストモダンがやってきたとされる。ポストモダンとは、哲学者のジャン＝フランソワ・リオタールの言葉にならえば「大きな物語が解体されて、小さな物語が林立する世界」と言える。ここでいう大きな物語とは、社会あるいは共同体を構成する者が一致して信じることのできる価値観である。高度成長期の日本であれば、大企業に就職すれば一生安泰だとか、年齢とともに給与が上がり続けるとか、そういった類の（現在から振り返ってみれば）一種の神話のことである。これはモダニティの特徴である進歩史観から生まれるものだが、ポストモダンの時代では、こうした価値を相対化しようとする意志が働き、もはや大きな物語は信じられないものとなった。

一方、ファッションは現在も進歩史観的な価値観によって、新しさを渇望する。そのような新しさなどもはや存在しえないと考えることもせずに。このことは、アヴァンギャルドなる言葉がいまだに使われることと関係しているにちがいない。すでにボードレールを引きながら論じたように、ファッションという概念は定義上そもそもモダニティを内包するため、進歩史観的な立場を取ることも仕方のないことかもしれない。

もちろん他の分野でも新しさが求められることは事実であり、「ファッションだけが新しさに執着しているわけではない」といった反論を受けるかもしれない。しかしながら、そこには決定的な違いがある。ファッション業界はパリも東京もいまだファッションショーを中心として動いているが、このファッションショーは反復不可能性によって特徴づけられる。美術、音楽、映画、小説、ダンス、演劇、アニメなどあらゆるジャンルの作品は何度も鑑賞されうるが、ファッションショーが再演されることはごくまれである。二度以上の鑑賞に堪えられない、つまり反復不可能なファッションショーがいまだに業界の中心となっている事実は、ファッションが新しさの提示に捉われていることの証左であろう。新しさを感じることが目的であるがゆえに、初めてでなければそれを楽しめないものになってしまっている。

近年、ファッションにおいても倫理的観点が求められてきている。大量廃棄、動物の権利、農薬が生産者に与える影響、児童労働など、ファッションはさまざまな問題を抱えている。これらは言ってみれば新しさを生み続けないと生き延びることのできない近代ファッションの価値観から生じるものでもある。だが、ファッションだけが亡霊のように近代を生きていくわけにはいかない。そのためには、ワースから連綿と続く、毎シーズン新作をファッションショーで発表する現行のシステムから脱却することが必要だろう。それが実現されたとき、私たちはようやくモダニティの牢獄から抜け出すことができるのではないだろうか。

＊1 Elyssa Dimant, *Minimalism and Fashion: Reduction in the Postmodern Era*, HarperCollins Publishers, New

York, 2010, p.68.

＊2 クレメント・グリーンバーグ「モダニズムの絵画」『グリーンバーグ批評選集』藤枝晃雄編訳、勁草書房、二〇〇五年、六二頁。

＊3 同書、六九頁。

＊4 マーシャル・マクルーハン『メディア論――人間の拡張の諸相』（栗原裕・河本仲聖訳）みすず書房、一九八七年、一二〇頁。

＊5 クレメント・グリーンバーグ、前掲書、六九―七〇頁。

＊6 マテイ・カリネスク『モダンの五つの顔』富山英俊・栂正行訳、せりか書房、一九八九年。

＊7 シャルル・ボードレール「現代生活の画家」『ボードレール批評2　美術批評2・音楽批評』阿部良雄訳、筑摩書房、一九九九年、一六八頁。

＊8 イマヌエル・カント「実用的見地における人間学」『カント全集15　人間学』渋谷治美・高橋克也訳、岩波書店、二〇〇三年、一九七頁。

＊9 シャルル・ボードレール、前掲書、二〇二頁。

＊10 ユルゲン・ハーバーマス『近代　未完のプロジェクト』三島憲一編訳、岩波書店、二〇〇〇年、一一頁。

＊11 マテイ・カリネスク、前掲書、一三五―一三六頁。

＊12 同書、一三七頁。

＊13 『フィガロ』一九八三年三月一八日（深井晃子監修『Future Beauty――日本ファッションの未来性』平凡社、二〇一二年、二五頁より）。

＊14 Mary Russell, "Japan: A long way from the kimono", *Vogue*, vol. 172 (9), New York, The Condé Nast Publications, 1982 Sep 1, p. 194, p. 197.

＊15 ただし、安城寿子のように当時の記事を丁寧に検証しながら「黒の衝撃」という神話に異を唱える研究者もわずかながらいる。安城寿子「コム デ ギャルソン、初期のコレクションをめぐる言説の周辺――同時代言説に見るその位置付け・イメージと昨今の言説との距離」『デザイン理論』第四七号、意匠学会、二〇〇五年を参照。

＊16 ソニア・リキエル『裸で生きたい――ソニアのファッション哲学』吉原幸子訳、文化出版局、一九八一年、五二頁。

＊17 同書、五三頁。

＊18 パトリック・モーリエ『SONIA RYKIEL』坂本美鶴訳、光琳社出版、一九九七年、一四一―一五頁。

＊19 ポール・ド・マン『盲目と洞察――現代批評の修辞学における試論』宮﨑裕助・木内久美子訳、月曜社、二〇一二年、二五七―二五八頁。

第四章　衣服と身体

衣服をめぐるトラブル

ここまで本書ではファッションにまつわる言葉をどうにか定義しようと試みてきた。言語によって思考をする私たちがファッションやファッションデザインについて論じるためには、言葉の定義がなされていなければ、あるいはそれが何のためにあるのかがわからなければ、議論のしようがないからだ。それは、昨今の「芸術」をめぐる議論を見ても理解することができよう。現在、少なくとも日本においては芸術なるものが何のためにあるのか、すなわち芸術の目的が広く共有されていない。デザインにおいて目的が設定されていなければその良し悪しを判断することができないのと同様、芸術の目的が明確になっていなければ作品の良し悪しを議論することなどできようもないだろう。業界の内部では定義をなおざりにしたままでもトラブルが生じない限り困ることはないが、ひとたび問題が業界の外へと広がってしまうと、定義を避けずに議論することはできない。前提が共有されていないからだ。

二〇一九年のあいちトリエンナーレをめぐる議論が右と左、あるいは美術業界人と一般人のあいだでまったくと言っていいほどかみ合わなかったのはそこに一因がある。

さて、本章で定義を試みたい言葉は「衣服」である。これまで「衣服」をめぐるさまざまな言葉を定義してきたが、ファッション業界で使われている曖昧な言葉はまだまだある。構築的、コンサバ、着心地、クリエイション、ラグジュアリーなど枚挙に暇がない。そのなかからもうひとつの言葉をここで取り上げて論じてもよいのだが、それよりもこれからのファッション（デザイン）の研究／批評のために、というよりもこれからの社会のために避けては通れない言葉がひとつある。それは「衣服」である。衣服とは一体何なのか。改めて言うまでもないが、衣服は私たちにとって必要不可欠なものであり、ところどころでトラブルの火種となる。中学校や高校の制服にまつわる校則、職場での女性のパンプス着用義務など、誰もが巻き込まれうる身近な例をいくらでも挙げることができよう。そうした衣服にまつわる問題を議論するためには、衣服の定義についてあらかじめ考えておく必要がある。

少し特殊な事例から話をはじめよう。マルクス・レームという義足のアスリートがいる。パラリンピックの認知度がきわめて高い現在、義足のアスリートというだけではさほどめずらしいとは思われないだろう。だが、その記録が健常者を上回るようになると、物議を醸すことになる。マルクス・レームは二〇一四年のドイツ陸上選手権で健常者と一緒に出場し、優勝した。だが、次のステップとなる大会であるヨーロッパ選手権の代表に選ばれることはなかった（選ばれたのは二位だった選手である）。一昔前であれば、障害者が健常者の記録を上回ることは想定されていなかったが、義足の技術の発展によってそれが可能となってきた。そうすると、当然わき起こるのが「義足が有利に働いているのではないか」という議論である。義足は健常者にとって慣れ親しんだものでないため、排除の対象になりやすい。健常者の大会に出られないのは生身の身体ではないから、というその論理も納得する者が少なくないだろう。だが、こうした問題は義足にかぎった話ではない。

ここ最近、陸上競技ではナイキ社のヴェイパーフライという靴が話題となっている。この靴はソールにカーボンのプレートが挟まれた厚底の靴で、マラソンや駅伝の好記録に結びついているとされる。それだけでなく、この靴が規制の対象になるとの噂が後をたたないため、さらなる議論を巻き起こしている。スポーツの分野では、以前にも似たような事例がある。二〇〇八年の北京オリンピックで多くの競泳選手が着用した、スピード社のレーザーレーサーという水着が、その翌年、国際水泳連盟によって禁止されることとなった。根拠がいまひとつわからないが、同連盟は織る（weave）、編む（knit）、組む（braid）という行為によって作られた「テキスタイル・ファブリック」のみ認めるという結論を出したのである。[*1]

ドーピングなどの問題をかかえるスポーツの世界には、固有の論理やルールがあるというのは理解できるし、ここではそこに踏み込むことはしない。そうではなく、衣服が身体にとってどのようなものであるのか、という視点で少し考えてみることにしたい。

第一の衣服としての身体

ヒトが衣服を着はじめた理由に立ち戻ってみると、「保護」「表示」「装飾」「呪術」といった理由があった。どれも「私たち(=人間)の身体」に操作を施すものだと言えるだろう。そう考えると、前章で言及したような、衣服を「第二の皮膚」とみるマーシャル・マクルーハン的な衣服観が出てくるのもうなずける。マクルーハン的なメディア観はあくまで人間中心的なものであり、衣服が身体を拡張するといっても、逆に言えばそれはあくまで拡張でしかなく、衣服がなかったとしても身体あるいは人間の存在自体がおびやかされるものではない。その意味で衣服は身体に付随するものであり、副次的な存在と捉えざるをえない。つまり、マクルーハン的な見解からすると、衣服は身体を装い飾るものということになる。

だが、このマクルーハン的な衣服観は現在まで受け入れられ続けているわけではない。それを批判したのが哲学者の鷲田清一である。鷲田は『モードの迷宮』のなかで次のように述べている。

衣服の向こう側に裸体という実質を想定してはならない。衣服を剝いでも、現われてくるのはもうひとつの別の衣服なのである。衣服は身体という実体の外皮でもなければ、被膜でもない。衣服が身体の第二の皮膚なのではなくて、身体こそが第一の衣服なのだ。これを取り違えるところに、衣服は身体を被うもの、身体を保護するものである（あるいは、でしかない）という誤った観念が生まれる。*2

「身体こそが第一の衣服」とは、はたしてどのような意味なのか。鷲田は身体に関してこのようにも述べる。

見るにしろ、触れるにしろ、ぼくらはじぶんの身体に関してはつねに部分的な経験しか可能ではないので、そういうばらばらの身体知覚は、ある一つの想像的な「身体像」を繋ぎ目としてたがいにパッチワークのようにつながれることではじめて、あるまとまった身体として了解されるのだということだ。ぼくらが着る最初の服は、この意味で、〈像〉としてのからだの全体像なのだ。*3

ここで鷲田が想定しているのは精神分析家であるジャック・ラカンの鏡像段階理論であろう。私たちは自分の身体のすべてを直接見ることができない。顔、後頭部、背中などは、鏡やカメラといった道具を使うことでやっと間接的に視認することが可能となる。だが、自分がどのような身体を持っているのか、私たちは経験を通じておおむね知ってはいる。一方、身体を自由に動かすことができない生後すぐの赤ちゃんは、自分がどのような姿形をしているのか、想像することすらできないだろう。では、自分の身体を知るのはいつごろなのか。ラカンによれば、それは生後六ヶ月から一八ヶ月頃であり、この時期の子どもは鏡に映ったイメージを通じて自身の身体を認識することができるという。

鷲田が身体を像（イメージ）と捉え、それを第一の衣服と呼ぶことは、鏡像段階において身体を認識するプロセスと軌を一にする。私たちにとって身体は所与のものではなく、あくまで断片的な情報がつぎはぎされた（＝縫合された）イメージでしかないのだ。つまり、私たちはまずもって身体というイメージをまとっているのである。こうして、鷲田はマクルーハン的な衣服観を転倒させ、身体こそ第一の衣服だと主張することになる。

マクルーハン的な衣服観においては、衣服は身体という基体に付随するという――いわば旧来の装飾的――考え方がなされていた。だが、鷲田的な衣服／身体観からすると、身体と衣服はシャツとジャケットのような関係と類似していると言えよう。シャツの上にジャケットをまとうように、私たちは曖昧模糊とした何かの上に、まず身体のイメージをまとい、その上に衣服が重ねられるからだ。ただし、ここで急いでつけくわえないといけないが、もちろん身体－衣服の関係性とシャツ－ジャケットの関係性は完全にパラレルというわけではない。鷲田は、衣服の役割は身体の輪郭を強調することだと考えるからである。

　鷲田は、セイモア・フィッシャーを引きながら、私たちが「熱いシャワーを浴びたり、冷たい水のなかを泳いだり、筋肉をもんでみたり、髪をなでつけてみたり、顔に化粧を施したり、指輪をつけたり」[*4]するのは、「境界の意識を高める」ためだと主張する。つまり、衣服がなければ私たちは自分の身体、ひいては自分という存在が占める空間がどこまであるのかを明瞭に意識することができないのだ。

　マクルーハンと鷲田の衣服観はたしかに異なるのだが、視点を変えると両者に共通する点もある。つまり、衣服を第二の皮膚と捉えるにせよ、身体を第一の衣服と捉えるにせよ、二人とも衣服と身体は層《レイヤー》を形成していることが想定されているのだ。衣服と身体をレイヤーの重なりとして見るということは、それらが分離可能であることを意味する。このことをもう少し詳しく考えてみたい。

パレルゴンとしての衣服

マクルーハン的に考えるならば、身体は基体であり衣服はその周りにあって身体を拡張するものである。つまり、衣服は装飾的なものだと言うことができる。衣服を身体の装飾として捉えるこの見解は、ジャック・デリダの衣服観と通じるものでもある。デリダは『絵画における真理』においてパレルゴンなる概念について論じているが、そこで衣服の事例が取り上げられる。パレルゴンは作品（エルゴン）の傍らに（パラ）あるもの、つまり作品それ自体ではないが、それときわめて密接に隣接しているがゆえに完全に切り離すことのできないもののことを指す。デリダはカントを受けつつ次のように述べている。

装飾（parerga）と呼ばれているもの、すなわち対象の表象全体のなかへその不可欠な構成要素として内的・本質的に属しているのではなく、単に外面的な付加物として属していて、趣味の快を増大するものさえもまた、やはりそれの形式によってのみそうするのである。例えば、絵画の額縁とか、彫像の衣服とか、華麗な建造物を取りまく列柱とかがそれである。けれども、装飾そのものが美しい形式をその真髄としているのでなかったら、すなわち例えば金箔を貼った額縁のように、もっぱらそれの魅力によってその絵画に対するわれわれの賛意を求めようがためにのみ、装飾が取りつけられているのだったら、そのときにはその装飾は虚飾（parure）と呼ばれ、真性の美を損なう。*5

デリダによれば「額縁」、「衣服」、「列柱」に代表されるパレルゴンは装飾であり、それは自律的でなくてはならない。そうでなければその装飾は「虚飾（parure）」となるとデリダは言うのである。parureは「装い」や「アクセサリー」などを意味するニュートラルな語でもあるため、虚飾と訳し切ってしまうのにはためらいを覚えるが、いずれにせよ否定的なニュアンスでこの語を使っていることはたしかであろう。パレルゴンとはつまるところ、作品の外面的な付加物でありながらも分離不可能であり、それと同時に自律的であるような何ものかである。

このことは、デリダが例として挙げている「影像の衣服」のことを考えれば理解しやすいであろう。ある人物の影像は、その人物の身体を描くものであり、本質的には身体さえあればその役目は果たせる。だが、人が社会的存在として描かれるかぎりにおいて、衣服は必要不可欠なものであるため、その身体が衣服をまとわないわけにはいかない。石にせよ銅にせよ、影像の身体と衣服は同じ素材で作られており、分離不可能なものとして提示される。つまり、影像の場合は衣服と身体の境界が曖昧なのである。その点において、影像の衣服と私たち人間の着る衣服は異なる。言うまでもないことだが、私たちの身体と衣服の境界は（一見）

明確であり、さらに衣服は着脱可能なものであるからだ。であれば、彫像の衣服は身体というエルゴンに対するパレルゴンだと言えたとしても、私たち人間の身体にとって衣服がパレルゴンだとは言えないのだろうか。結論から言えば、衣服は人間の身体にとってもパレルゴン的なもの、つまり分離不可能なものだと筆者は考えている。

衣服が着脱可能であるのに分離不可能であるとはどういう意味か。それを理解するために、ここでひとつの――ともすれば極端に思われるかもしれない――事例を補助線として提示しよう。それは日本のアニメにおいてメジャーなジャンルのひとつとなっている、いわゆるロボットアニメである。日本のロボットアニメを代表する作品『機動戦士ガンダム』(一九七八年)では、いみじくもロボットにモビルスーツという名称が与えられている。機動力を備えたスーツ=衣服であるこのロボットは、そのなかにパイロットが乗り込み操縦するという仕組みである。この構造はまさにマクルーハン的なメディアとして捉えることができる。人間の身体はそのままでも移動したり闘ったりすることができるが、モビルスーツというメディアによってその能力が増幅される。モビルスーツはパイロットを守る鎧としても機能し、敵の攻撃によってダメージを受けたとしても、爆発や大きな振動がないかぎり、搭乗しているパイロットの身体に大きな影響はない。

時代が下り、二〇世紀の末にテレビで放映された『新世紀エヴァンゲリオン』(一九九五年)

もやはりパイロットがなかに乗り込み、ロボット——エヴァンゲリオンをロボットと呼ぶのはいささか不適切であるかもしれないが、その議論はひとまずおいておく——を操縦する仕組みである。エヴァンゲリオンはガンダムのモビルスーツと決定的に異なる。それは、パイロットとロボットが神経によって接続されているという点である。それゆえロボットが敵の攻撃を受けると、そのダメージがパイロットにまでダイレクトに伝わってくる。

それを如実に示しているのが次のようなシーンである。主要登場人物の一人である惣流・アスカ・ラングレー（以下、アスカ）が、使徒と呼ばれる敵との戦闘において、搭乗するエヴァンゲリオンの腕が切り落とされた際に痛みに耐えながら腕を押さえている。さらに敵の攻撃を受け、エヴァンゲリオンの首が落とされようとする直前、司令室の判断によりアスカとエヴァンゲリオンの神経接続が遮断される。エヴァンゲリオンの首が落とされるのは、アスカの首が落とされるのと同義だからである。

エヴァンゲリオン的なロボットのあり方がさらに進んだのが、『ダーリン・イン・ザ・フランキス』（二〇一八年）に登場するロボット、フランクスである。フランクスもやはりパイロット搭乗型——男女二人乗りという点でガンダムやエヴァンゲリオンと異なるが——のロボットである。フランクスとエヴァンゲリオンの決定的な違いは、フランクスが表情を持つことである。エヴァンゲリオンの場合は、パイロットとロボットが神経で接続されているとはいえ、そのことは外部からは見て取ることができなかった。だが、フランクスの場合は、パイロットの感情や気分などがロボットの顔に表される（リンクしている）のである。

フランクスのことを考えれば、「衣服が着脱可能であるのに分離不可能である」というのがどのような状態なのかが理解できるのではないだろうか。パイロットはロボットから降りることもあれば、そのロボットに別のパイロットが乗ることもある。そういう意味では着脱（交換）可能だと言えよう。だが、ひとたびパイロットがロボットに乗り込めば、その身体性はロボットと不可分になり、言ってみれば層《レイヤー》が統合される。これは衣服についても同様である。

私たちは毎日、違う服を着ることもできるし、昨日着ていた服を友人に貸すこともできる。だが、違う服を着ると、私たちは存在として別のものになってしまう。なぜなら、私たちはアイデンティティ構築を衣服や服装に頼っているからだ。毎日スーツを着て仕事をしている男性に、ロリータの格好をして仕事に行くようお願いしても、十中八九拒絶されるにちがいない。いままでの自分であれば着ないような、しかも自分が望んでいない服を着ることのハードルは相当高い。あるいはまた、知人の服装や髪型がいつもと違う雰囲気であるのを見て、一瞬別人かもしれないと思ってしまったような経験は誰しもあるだろう。であれば、生身の身体にとっても、衣服はパレルゴンと捉えることができるとひとまず考えることができる。

潜在的身体としての衣服

だが、実は衣服をパレルゴンと捉えることには問題がある。というのも、パレルゴンとしての衣服はあくまで身体の外部にあることを意味するからだ。それはつまり、衣服と身体が層《レイヤー》を形成しているということである。だが、エヴァンゲリオンやフランクスのことを思い返してみるならば、衣服（ロボット）と身体が神経で接続されており、そこにはあるのは層《レイヤー》の重なりではなく、統合されたひとつの層《レイヤー》とも言える。言い換えるならば、衣服は身体でもあり、身体は衣服でもあるということだ。

このことはアバターと呼ばれる、ヴァーチャル空間におけるキャラクターについて考えてみれば容易に理解されるにちがいない。アバターの身体は、現実世界の身体のように物質性を持っているわけではない。『セカンドライフ』でも『あつまれ どうぶつの森』でもなんでもよいので、あなたの知っているアバターを思い浮かべてほしい。そのアバターはおそらく衣服を身につけているだろう。では、その衣服の中身はどうなっているのだろうか？

もちろん、まず身体の特徴――肌の色や体つき、パーツの形など――を選択してから、その上に衣服を着せる仕組みのものであれば、最初に組み合わせた身体が思い浮かべられるかもしれない。だが、ひとたび衣服を着た後、その身体は必要なのだろうか？　もっと言えば、衣服のなかに本当に身体はあるのだろうか？　アバターにおいて、衣服と身体の境界は判然としない。それは当然のことで、ディスプレイ内に作られた二次元の世界では、衣服と身体の層《レイヤー》は統合されているからだ。こうした衣服と身体のあり方は実はヴァーチャル空間において初めて表現されたものではない。いまから一〇〇年ほど前にはじまった芸術運動であるシュルレアリスムにおいて、似たような衣服＝身体が描かれていた。

たとえばチェコのシュルレアリストであるトワイヤン（マリー・チェルミノヴァー）の《眠る女》（一九三七年）では、画面の奥のほうを向いた、女性のような人物が描かれている。こちらには背を向けているので、頭部は髪の毛だけが見えている。手には虫捕り網を持ち、ところどころひびの入ったかのような、硬質の素材でできているように見える白いドレスは背中が大きくあいている。このように描写すると、ただの女性の後ろ姿に思われるであろうが、実はその衣服のなかには身体を見つけることができない。要するに、衣服の上に頭が乗っているだけなのだ。ベルギーのシュルレアリスト、ルネ・マグリットは《マック・セネットへのオマージュ》（一九三七年）でクローゼットのなかにかけられたワンピースのドレスに女性の乳房が浮かび上がっている情景を描いており、《赤いモデル》（一九三七年）では足が浮かび上がった靴を描いてもいる。シュルレアリストと親交のあったファッションデザイナーのエルサ・スキアパレッリはこうしたテーマを実際に衣服上で表現している。そのなかでももっとも有名なのが通称《ティア・ドレス》（一九三八年）と呼ばれる作品である。皮膚のめくれをドレスとヴェールの上で表しているのだが、ヴェールは実際に二重にされた生地の表がめくられており、ドレスは皮膚がめくれたようなプリントが施されている。

ところで、シュルレアリスムの主導者たるアンドレ・ブルトンは『狂気の愛』（一九三七年）において、蚤の市で見つけた木のスプーンに靴のイメージを重ねていた。

家に帰ってから、スプーンを家具の上に置いたとき、私は突然目にした。スプーンを握っていたときは活動停止状態にあった、ありとあらゆる連想と解釈の潜勢力（puissance）が、スプーンをとらえたのだ。私の目の下で、明らかにスプーンは変化していった。一定の高さのところで横から見ると、柄の部分から出ている木製の小さな靴は――柄の彎曲に助けられ――踵の形をなし、全体は、ダンサーの爪先のように持ち上げられた爪先をもつ、靴の輪郭をなしていた。[*6]

ブルトンが言うところの「潜勢力」という概念は、哲学者のジル・ドゥルーズが言うところの潜在性（virtuel）に対応させることができると考えられる。アンリ・ベルクソンの議論を引き受けるドゥルーズは、一般的な語法とは異なり、ヴァーチャルとリアルを対立させることはしない。ベルクソン＝ドゥルーズは、潜在的なもの（virtuel）、現働的なもの（actuel）、可能的なもの（possible）、現実的なもの（réel）という四つの概念を提示し、潜在的なものと現働的なもの、可能的なものと現実的なものがそれぞれ対立すると考える。これらの概念について簡単に説明をしておこう。

一般的な語法としては、しばしば「リアル」と「ヴァーチャル」が対立項として設定される。だが、ベルクソン＝ドゥルーズはそうは考えずに、潜在的なもの（ヴァーチャル）に対置されるのは現働的なものであり、現実的なもの（リアル）に対置されるものは可能的なものだとする。ベルクソンはあるインタビューにおいて戯曲の未来について尋ねられたとき、そんなことはわからないと答える。ベルクソンの考えでは、ある作品が生まれる可能性というものは、その作品が世に現れたときに初めて生まれる。つまり、可能性は事後的に生じるということである。もし何かあるものが生まれるための要素がどこかに含まれているとしたら、それは可能性ではなく潜在性になる。たとえば、ひまわりの種を地面に植え、適切に育てれば花を咲かせる。種を見てもそこには花が実在しているわけではないが、種のなかに花（になる何か）は潜在していると考えられる。さらにドゥルーズは、潜在的なものと現働的なものについて重要な指摘をしている。ドゥルーズは『シネマ２＊時間イメージ』において、潜在的なものと現働的なものは識別不可能であり、役割を交換しあうと論じる。

結晶イメージ、あるいは結晶的描写は、混同されない二つの面をもっている。現実的なものと想像的なものとの混乱は、単なる事実上の誤りであって、両者の識別可能性には影響しない。混乱は、単に誰かの「頭の中で」生じる。それに対し、識別不可能性は客観的幻影を構成する。それは二つの面の区別を消去しはしないが、指摘しえないものとする。相互的前提ないし反転可能性とでも形容できる関係において、おのおのの面が他方の面の役割を演じることになるのだ。実際、現働的なものとの関係で現働的にならないような潜在的なものはなく、現働的なものは同じ関係のもとで潜在的になる。それらは完全に反転可能な表と裏なのだ[*7]。

ブルトンが蚤の市で見つけたスプーンの例であれば、彼がそこに靴のイメージを見てとっていたときスプーンは後景に下がり、逆に、それがスプーンとして見られるときには背後に靴のイメージが見え隠れする。つまり、スプーンと靴はどちらもいまここにおいて、反転可能なものとして存在しているのだ。マグリットの《赤いモデル》や《マック・セネットへのオマージュ》において提示されているのも、衣服と身体が反転可能なものとして存在するあり方だと言えよう。衣服と身体は層《レイヤー》の重なりをつくるものではなく、互いに「反転可能な表と裏」なのである。

衣服は「潜在的な身体」と捉えることができるのではないだろうか。衣服は身体になり、そして身体が衣服になるというこの概念は突拍子もないものに聞こえるかもしれない。ひょっとしたら衣服は身体と同一化しうるものだと言われても、ピンとこないかもしれない。だが、冒頭に述べた義足の話を思い出してほしい。義足は、生身の身体に装着する、交換可能な、身体の能力を拡張するものである。このように考えてみれば、義足は衣服的な存在だと言うことができる。もし、義足＝衣服が身体の外部にあるとするならば、義足のアスリートと健常者のアスリートに差異が生じることは否めない。一方、義足＝衣服が身体と同一化しうるならば、すなわち潜在的には身体だと考えるならば、義足を装着したアスリートと健常者のアスリートは同じ前提条件を持つと言えるはずである。

このように考えるなら、ヴェイパーフライも、レーザーレーサーも、私たちが着用できる衣服はおしなべて身体と同じものと捉えるべきではないだろうか。衣服を軽んじたり、管理可能だと考えたりする態度が、人間の尊厳を傷つけることはめずらしくない。公共の場でムスリムの女性のヴェール着用を禁止する、性自認が男性である人にスカートの制服を強制する、逆に自分の意志でスカートをはいている男子に対して「男子がスカートをはくなんておかしい」という心ない言葉を投げかけるなど、いろいろなことがある。たしかに私たちは生物学的には脱衣の状態でこの世に生を受けるし、身体的な病に関しては衣服は診察や治療を阻害するものでしかないだろう。だが、社会的存在としての私たちは、ほぼつねに着衣の状態でこの世界――リアルであれヴァーチャルであれ――に身を置いている以上、衣服への介入は身体への介入と同義であると理解すべきなのだ。

私たちは衣服から逃れることはできない。この先、私たちの生活が完全にヴァーチャル空間で完結することになったとしても、それは変わることのない原則である。この先、アバターは（現実世界での）人間の姿形を取らなくなるかもしれない。現在でも、私たちはオンライン会議の際、Snap Cameraのような画像加工アプリを使って自分の顔を修正することがしばしばある。それどころか、動物やジャガイモに、さらには太陽になったりもする。たとえば私たちがヴァーチャルな世界のなかでジャガイモになるとき、そのジャガイモは身体なのだろうか、それとも衣服なのだろうか。ここまでの議論から明らかなように、ジャガイモは身体でもあり、そして同時に衣服でもある。

衣服を身体から切り離して考えることはもちろん必要である。衣服は身体とは別のものであり、衣服には衣服の固有性があるからだ。一方で、衣服は身体と切り離して考えることもできない。衣服は身体なくして成立しえないし、逆に身体も――人間を社会的存在として見るならば――衣服なしでは存在しえない。かつて、小説家の安部公房は短編「飢えた皮膚」（一九五二年）において登場人物に次のように語らせている。

衣裳は本当に魔術です。人間が生きているのではなく、衣裳が生活しているのではないかとさえ思われます。（中略）人間は、自分の皮膚が社会の発展にとても追いつけなくなったので、代用の衣裳でもってその補いをつけようとしているわけなのです。[*8]

シュルレアリストにせよ安部にせよ、ヴァーチャルな空間が誕生するずっと前から、衣服が身体と同一化しうるものであると考えていた者は実は少なくなかった。衣服を潜在的な身体と捉えることが可能になったのは、ヴァーチャル空間が誕生したからではない。二〇世紀以降さまざまなところにそうした発想は潜在しており、二一世紀のいま、インターネットの普及によってそれが現働化したのである。

＊1　現行の規定は下記のページで確認できる。https://www.fina.org/sites/default/files/frsa.pdf（二〇二〇年一〇月二一日最終確認）

＊2　鷲田清一『モードの迷宮』筑摩書房、一九九六年、二八頁。

＊3　鷲田清一『ちぐはぐな身体』筑摩書房、二〇〇五年、一六頁。

＊4　鷲田清一『モードの迷宮』筑摩書房、一九九六年、七〇頁。

＊5　ジャック・デリダ『絵画における真理（上）』高橋允昭・阿部宏慈訳、法政大学出版局、二〇一二年、八七頁。

＊6　アンドレ・ブルトン『狂気の愛』海老坂武訳、光文社、二〇〇八年、七二頁。

＊7　ジル・ドゥルーズ『シネマ2＊時間イメージ』宇野邦一他訳、法政大学出版局、二〇〇八年、九六頁。

＊8　安部公房「飢えた皮膚」『水中都市・デンドロカカリヤ』新潮社、一九七三年、六三―六四頁。

おわりに

ファッションなるものはきわめて捉えがたい概念である。そのことは、プロダクトデザインやテキスタイルデザインといった言葉と比較するとより明確になる。プロダクトもテキスタイルも「製品」や「布」といったモノを指し示す。しかるにファッションが指し示すのは、「はじめに」で述べたように「モノ」でもあり、「行為（の結果）」でもあり、「現象」でもある。ファッションを論じることが難しいのは、まずはそのせいであろう。

さらに、ファッションは学術的な研究の歴史が浅いという事実もある。そのため、本書の理論的基盤は美学や美術史、デザイン論やデザイン史によっている。たしかにファッションは美術やデザインとは異なるのだが、よって立つ基礎が確立されていないために、ファッションの固有性を考えつつ、他分野の理論を取り入れることで議論を作り上げていくしかない。たとえば第三章で述べたように、モダニズムをデザイン史からそのまま借りてきてしまうと、ファッション固有の文脈を無視してしまうことになる。かといって、ファッション固有の文脈だけで「モダニズム」を定義することもきわめて困難である。

ファッション論の始まりは一九世紀末にさかのぼることができる。社会学という学問が形作られつつあったこの時代、それまで学問の対象と考えられてこなかった流行についてギュスターヴ・ル・ボンやガブリエル・タルドが分析し、二〇世紀に入るとゲオルク・ジンメルやヴァルター・ベンヤミンといった思想家たちがファッションについて論じ始めた。二〇世紀後半になると、ロラン・バルトやジャン・ボードリヤールらがファッションを多様な視点から考察することになった。二〇世紀末から欧米を中心に盛り上がりを見せてきたファッション・スタディーズは、こうした思想家の打ち立てた理論を元にファッションを論じようとしてきたが、正直なところそれが功を奏しているとは言いがたい。その理由は次のように指摘できる。

まず、思想家たちの「ファッション論」は、ファッションを専門としているわけではないため、その枠組みの設定がかなり大きく、また論者によってアプローチも概念の定義もまちまちである。その一方で、「はじめに」で指摘したように、少なくないファッション・スタディーズの研究者はファッションを西洋近代（以降）に特有のシステムだと考え、ファッションを矮小化しすぎている。つまり、理論的基盤と対象の捉え方に整合性がないのだ。さらには、少なくないファッション研究者が特定のファッションデザイナーやブランドを愛好していることの弊害もある。ファッションデザインについての好みがあること自体には問題ないが、それがファッションについてのニュートラルな議論に侵出してくると、おかしなことになりがちである。たとえば、コム・デ・ギャルソンの「こぶドレス」は一九九〇年代を代表する作品として取り上げられるが、日本では「こぶドレス」よりもルーズソックスの方がはるかに流行していたはずである。そのことはアニエス・ロカモラ+アネケ・スメリク『ファッションと哲学』などを見れば容易に理解されるだろう。『ファッションと哲学』はさまざまな思想家の理論を元に「ファッション」を論じるものだが、論の対象となっているものが作品（＝モノ）であったり、行為であったり現象であったりする。もちろん、その多様性こそがファッションの特徴と言うこともできるのだが、そろそろ地に足をつけた議論が必要であろう。曖昧な言葉であるファッションの意味をさらに拡張して「あれもこれもファッション（論）だ」とする、つまり抽象度を高めたり枠を広げたりするのではなく――これはこれで必要な過程であったのだが――、むしろ議論を収斂させるために具体的な事例を丁寧に検証することもしなければならない。たとえば哲学の領域では、いまだにカントの特定の概念について細かく議論するような論文が発表され続けているが、ファッション論においてもそのような精緻な議論が行われるべきであろう。

本書はそうした問題意識を元に、きわめて個別的な、そして具体的な言葉を取り上げて定義を試みることを行った。ファッションの領域におけるジャーゴンは枚挙に暇がなく、本書で扱ったものは氷山の一角でしかない。それゆえ、本書は研究の集大成のようなものではなく、あくまで第一歩である。言葉の定義は共有されなければコミュニケーションのツールたりえない。ここで試みた定義が人口に膾炙することなど、もしかしたら夢物語かもしれない。それでもなお、美術、デザイン、建築、音楽、映画などの批評や研究でこれまで言葉の定義をしながら理論をアップデートしてきたことを、ファッションだけが諦めるわけにはいかない。

本書の射程についても少し補足しておこう。本書の第四章では衣服を「潜在的な身体」として定義した。シュルレアリストや安部公房を引いているように、これは必ずしもインターネットによって実現した現代のヴァーチャル空間だけに適用されるものではない。とはいえ、やはりヴァーチャル空間のことは強く念頭に置いている。これからの時代、私たちの人格や身体がいっそうヴァーチャル空間に進出していくことは誰しもが認める事実であろう。そのとき、リアルな世界における法や倫理がそのまま当てはまるとは思えない。やや物騒な例ではあるが、たとえばリアルな世界で誰かをナイフで刺すことと、オンラインゲームや『レディ・プレイヤー1』のようなヴァーチャル空間で誰かのアバターをナイフで刺すことは同義ではないだろう。一方で、リアルな身体とヴァーチャルな身体を完全に切り離して考えられるかというと、必ずしもそうとも言えない。たとえばTwitterなどのSNSで、あるアカウントに向けて誹謗中傷を行うアカウントがあったとする。このとき、それがヴァーチャル空間のアバターに向けられたものであるから、そのアカウントを運用しているリアルな人間への誹謗中傷ではない、という詭弁を成立させることは難しいだろう。

このように考えていくと、リアルな身体とヴァーチャルな身体の関係はきわめて複雑である。鷲田清一は衣服の役割のひとつを「自己の輪郭の確認」としたが、ヴァーチャル空間では（いまのところ）衣服と身体のあいだに物理的な接触が起きないため、鷲田的な身体論的アプローチはもはや通用しない。ヴァーチャル空間においては寒さから身体を保護する必要がないからといって、衣服が御役御免になるわけではない。すでに述べたように、たしかに私たちは生物学的存在としては脱衣の状態が自然である。病院で手術を受けるときなど、衣服は基本的には邪魔にしかならない。しかしながら、社会的存在としては、つねに衣服を必要とする。ヴァーチャル空間は他者とのコミュニケーションが生まれる「社会」であるため、やはり衣服は必要となる。そこにおける身体性の問題を議論するためには、新しい衣服観が必要であり、その理論を提示するのはファッション研究者の役割である。

古代から現代まで、ファッションはずっと軽薄なものとみなされてきた。もちろん、現代ではそうではないと考える者もいないわけではないが、おそらくまだまだ少数派である。中学校や高校の制服のように個人のアイデンティティを無視してルール――しばしば非合理的な――を生徒に押しつけることがいまだに行われていたり、女性研究者が高級ブランドの商品を身につけてファッション雑誌に登場すると非難されたりするのはそのためであろう。ファッションが人間にとってさまざまな局面において重要であること、そしてそれがどのように理論化されるのかを提示しなければ、新しい身体性の議論においてファッションがなおざりにされてしまうことが容易に想像できる。

インターネットが普及する前は、衣服(と服装)がアイデンティティの表出を行うためのツールとして最適であった。それは、衣服がつねにその人とともにあるからだ。車、部屋のインテリア、文房具、音楽など、たしかに私たちのアイデンティティはさまざまなところに現れている。だが、それらはつねに他者の目にさらされているわけではなかった。一方、私たちは――銭湯などの特殊なシチュエーションをのぞいて――四六時中、衣服とともに存在していた。しかしながら、インターネット、そしてSNSが普及すると、誰かが食べているもの、乗っている車、泊まっているホテル、聴いている音楽などをつねに露出することができるようになった。そうするとアイデンティティを仮託する対象として、衣服が必然的なものとは言えなくなる。

そのように考えると、これからの時代において衣服が二〇世紀と同じような役割を担い続けると考えることはできないかもしれない。ひょっとすると、私たちが完全にヴァーチャル世界の住人になり、さらに身体を失い、衣服が不要となる世界が到来するかもしれない。だが、衣服が必要か不要かを考えるためにも、それがどのような概念であるのか理解することができなければ、議論することは不可能である。さらに言えば、何十年後か何百年後かに人間が衣服を身につけることがなくなったとしても、思想や心理といった人間の内面を直接見ることができないかぎり、衣服に代わるものによって個人のアイデンティティを表出するものは必要となる。つまり、衣服が滅びたとしても、また別の衣服的なものが生まれるのである。おそらくは、人間が存在するかぎり、装うという行為自体がなくなることはけっしてないだろう。

あとがき

本書は文芸誌『新潮』に連載された「言葉と衣服」（以下、「言葉と衣服」と一重かぎを使っている場合は『新潮』連載時の原稿を指すこととします）をベースに、「はじめに」と「第四章」「おわりに」を加筆したものです。加筆分は基本的に書き下ろしですが、「第四章」は既発表の「潜在的な身体としての衣服――「痙攣的な美」の分析を通じて」（『あいだ／生成』第六号、あいだ哲学会、二〇一六年）が元になっています。あくまで一冊の書物としてまとまるようにしたつもりですが、『新潮』連載分と加筆分の原稿とに若干の毛色の違いがあるかもしれません。まずはその点について補足をしておきます。

連載時には全三回でまとまりをつけたつもりなので、そのままの形で――本としては短くはあるものの――出版する案もありました。また、第四章の冒頭に記したように、加筆する場合もいくつかの「言葉」を追加してそれを論じるような体裁にすることも考えました。しかしながら、最終的にこの形になったのは、「ファッション研究」に対する僕自身の問題意識からです。

「言葉と衣服」は僕なりにファッションデザイン批評を試みたものです。批評というと、いわゆる作品論や作家論をイメージされる人が多いかもしれませんが、ファッションやファッションデザインではそれを可能にする言語が確立されていません。そこで、まずは言葉の定義をすることを主目的とし、そこにいくばくかの作家論／作品論もくわえるような構成になっています。とはいえ、言葉の定義をするためにはやはり研究が必要となります。美術でも映画でも音楽でも、歴史や理論の研究というインフラがあるからこそ批評言語を作ることができたのだと思います。しかしながら、他のところ――たとえば『ファッションと哲学』の「あとがき」――でもしばしば書いてきたように、僕がファッション研究を志した二〇年前から、もっと言えば一九八〇年代の鷲田清一さん以降、他分野に比べるとファッション研究のアップデートが十分になされてきたとは言えません。

「言葉と衣服」以降、平芳裕子『まなざしの装置』や井上雅人『ファッションの哲学』のような優れた研究書が上梓されているものの、やはり数が少なすぎます。たとえば平芳さんと僕とでは「ファッション」という言葉の定義がやや異なるのですが（『表象13』参照）、研究の数が少ないとそうした議論も行われません。日本の研究者が少なかったとしても、欧米の研究書の翻訳が数多く出版されればまだ救いがあるのですが、そもそも日本にファッションの研究者がいなければ翻訳されることもないでしょう。エリザベス・ウィルソンも、ヴァレリー・スティールも、キャロライン・エヴァンスも、ウルリッヒ・レーマンも未邦訳です。ファッション研究には――不十分ながらも――議論の蓄積があるにもかかわらず、前提の共有があまりできていないのが現状です。そこで、「言葉と衣服」をまとめるにあたって、ファッション研究の前提となる議論を共有しておく必要があると考えました。そのため、「はじめに」とそれ以降の章の性質が異なるように感じられたかもしれませんが、できるだけシームレスにつながるよう意識したつもりです。

また、書籍化にあたってもうひとつ悩んだことがあります。「言葉と衣服」は二〇一六年に連載されたものなので、そのときに取り上げた事例をいま見ると、やや古びて見えてしまうのではないか、ということです（このように思ってしまうあたり、僕自身が「新しさ」の呪縛から抜け出せていないことを意味しているとも言えます）。事例を差し替えたり、更新したりする選択肢もありましたが、このテクストを二〇一六年時点での批評として残すことにも意味があるはずなので、基本的にはそのままにしました。こうした批評の積み重ねが歴史を作っていくのだと僕は考えています。

「はじめに」におけるファッションの定義、そして「第四章」における衣服の定義（潜在的身体としての衣服）は、あくまで現時点での僕自身の見解です。これから先、この定義を修正あるいは撤回することが出てくることも予想されます。暫定的な見解を活字にすることに対して、昔は不安や恐れがあったのですが、最近ようやくその恥ずかしさに折り合いをつけることができた気がします。歴史に鑑みてもほころびのない定義や議論などというものは存在しないので、単に自分の能力を過信していただけなのかもしれません。

ファッション研究が進展していないと先ほど書きましたが、最近は少しずつ状況が変わりつつあります。たとえば分析美学の研究者の参入が挙げられます。分析美学は、簡単に言えば論理学などを用いて厳密な議論を行う分析哲学の手法を用いる美学の一潮流ですが、松永伸司さん（「なにがおしゃれなのか」『vanitas』No. 004）や難波優輝さん（「おしゃれの美学」『vanitas』No. 006）のように分析美学を専門とする研究者がファッションを論じているのはきわめて有益であり、なおかつこのタイプのアプローチは管見の限り、欧米にはあまり現れていないように見受けられます。また、藤嶋陽子さんのように欧米のファッション・スタディーズをきっちり押さえているファッション研究者も現れてきていますし、ファッションデザイナーや編集者といったファッション業界の人たちにも研究や批評が受容される土壌ができつつあるように感じます。研究者にしてデザイナーである川崎和也さん率いるシンフラックスとファッションブランドのハトラのコラボレーションなども面白い動きです。こうした流れがもう少し大きくなれば、日本のファッション研究・批評が面白く、実のあるものになっていくのではないかと期待しています。

本書は、形式上は「言葉と衣服」に加筆修正したものですが、僕が大学院に入ってからファッションについて考えてきたことのまとめでもあります。博士論文を書かずに大学院を出てしまった僕としては、これでひとつの区切りをつけられたようにも思います。その意味では、小著ではあるものの、僕がこれまでお世話になってきた方々の影響がいたるところに見られるはずです。そこで、この場を借りていくばくかの謝辞を述べたいのですが、謝辞というものは「自分には関係ない」と感じる読者も多いでしょう。そこで、本書がどのようなバックグラウンドから成立しているのかわかるように、研究者に代表作（というか、僕がオススメする著書や訳書）を記しておきます。そうすることで、本書の裏のビブリオグラフィーとなるはずです。

僕の大学院時代の指導教官であり、アンリ・ベルクソンやジル・ドゥルーズ、ウンベルト・エーコらの哲学を元に交通論という独自の思想を提唱されている篠原資明先生（『トランスエステティーク』）、ルネサンス美術史から出発しながらジョルジョ・アガンベンに代表されるイタリア現代思想にも精通している岡田温司先生（『モランディとその時代』）、フランス文学者でもありフランス語教育者でもある故・松島征先生（レーモン・クノー『文体練習』〔訳書〕）、ドゥルーズやミシェル・フーコーといった思想家に依拠しつつ制度や都市、精神医学といったテーマを横断する多賀茂先生（『イデアと制度』）からは、ゼミや授業を通じて文献の読み方から論文の書き方まで、懇切丁寧に指導していただきました。また、イタリア映画を専門としつつBLや声優といったサブカルチャー論の著作もある石田美紀さん（『密やかな教育』）、ドゥルーズの美学を専門とする大塚直子さん（「ドゥルーズのシステム」［博士論文、未刊］）、イタリアの建築や文化を専門とする鯖江秀樹さん（『イタリア・ファシズムの芸術政治』）、文学と音楽の接点をメディア論的に扱う福田裕大くん（『シャルル・クロ 詩人にして科学者』）、ベルクソンから出発しつつ庭園論へと移行した庭師の山内朋樹くん（ジル・クレマン『動いている庭』［訳書］）といった先輩や友人から、いろいろなことを教わり、そして助けられてきました。

研究を批評という形で実践するにあたっては、西谷真理子さん（『high fashion ONLINE』）、滝田雅樹さん（『changefashion.net』）、芳之内史也さん・高村美緒さん（『FASHIONSNAP.COM』）、横山芙美さん（『GQ』）、明石陽介さん（『ユリイカ』）、市川渚さん（『DiFa』）といった方々にさまざまな機会をいただいてきました（媒体名は掲載当時のものです）。なかでも滝田さんが運営する『changefashion.net』がなかったら、批評家としての僕は存在しえなかったかもしれません。そのほか、書籍や新聞、展覧会カタログといった場で対談を重ねてきた千葉雅也さん（『動きすぎてはいけない』）からは、数多くの示唆を受けてきました。

また、京都服飾文化研究財団のスタッフのみなさん、ファッションの批評誌『vanitas』の水野大二郎くんと太田知也くん、本と服の店「コトバトフク」の井上雅人さん、藤井美代子さん、神宮美弥妃さん、そしていまはなくなってしまった「Gallery 110」のメンバーのみなさんとのさまざまな形での実践——展覧会の企画、批評誌の編集、ショップの運営など——がなければ、やはり本書の種は生まれなかったと思います。そして直接的には、実績のない僕に連載の話をくださった編集者の平出三和子さん、書籍化を快く引き受けてくださったアダチプレスの足立亨さん、本書にふさわしい（というか身にあまるほどの）衣服＝装丁をデザインしてくださったブックデザイナーの名久井直子さん、素敵な題字を書いてくださった画家・絵本作家のヒグチユウコさん、僕の勤務先である京都精華大学の出版助成のおかげで本書が日の目を見ることになりました。また、ひとりひとりお名前を挙げることはできませんが、これまでに話を聞かせてくださったファッションデザイナーさん、大学での授業を通じて一緒にファッションについて考えている／きた学生のみなさんとの対話も生かされています。本書の礎を築いてくださったすべての方々に心より感謝を申し上げます。

そして、大学院から——正確には大学院に入った後で——文転をするという暴挙に出た僕に不安を感じながらも見守ってくれた両親、その後押しをしてくれた兄にも、これでようやく顔向けをできるようになった気がします。最後に、本書の最初の読者でもあり（ゲラにめっちゃ赤入れられました）、日々の生活を支えてくれている妻の真由と、屈託のない笑顔で毎日の疲れを癒やしてくれる五歳の息子にも、ありがとうを。

一年ほど前のことだっただろうか。スカートをはきたいと言い出した息子と買い物に出かけ、ピンクのスカートを買った。息子は嬉しそうに保育園にそれをはいていった。けれども予想どおり、まわりから「スカートは女の子がはくものだ」と言われ、打ちひしがれて帰ってきた。それでも何度かスカートをはいていったが、結局のところ保育園にはいていくことはやめてしまった。保育園以外でもはかなくなった。こちらから「スカートはもうはかないの？」と聞きすぎるのも不自然なので、あまり触れずにいた。

ところが二ヶ月ほど前、ふとしたときに息子が「ワンピースがほしい」と言い出したので、ワンピースを買いに出かけた。本人の気に入るスカートも見つかったので、はくかはわからないけど、それも買うことにした。その後、休日のお出かけのときには、ワンピースやスカートをときどき着るようになった。けれども保育園には着ていかない。からかわれるのが嫌なのか、面倒なのか、本心はわからない。

息子が、そしてこの世界に生きるすべての人が、自分の好きな服をためらうことなく着られるような社会がいつか実現することを祈りつつ。

二〇二一年一月

蘆田裕史

本書の第一章、第二章、第三章は『新潮』（新潮社）二〇一六年六月号、九月号、一二月号掲載の「言葉と衣服」に加筆したものである。ほかは書き下ろし。刊行に際しては京都精華大学の出版助成を受けた。

著者略歴

蘆田裕史（あしだ ひろし）

1978年生まれ。京都大学大学院人間・環境学研究科博士課程単位取得退学。京都服飾文化研究財団アソシエイト・キュレーターなどを経て、現在、京都精華大学ポピュラーカルチャー学部准教授、副学長。専門はファッション論。共著に『ファッションは語りはじめた――現代日本のファッション批評』（フィルムアート社、2011年）など、訳書にマリオ・ペルニオーラ『無機的なもののセックス・アピール』（共訳、平凡社、2012年）、アニェス・ロカモラ＆アネケ・スメリク編『ファッションと哲学――16人の思想家から学ぶファッション論入門』（監訳、フィルムアート社、2018年）などがある。ファッションの批評誌『vanitas』（アダチプレス）編集委員、本と服の店「コトバトフク」の運営メンバーも務める。

ADACHI PRESS

言葉と衣服

2021年2月22日　初版第1刷発行

著者　蘆田裕史

装丁　名久井直子
題字　ヒグチユウコ
校正　聚珍社
印刷・製本　シナノパブリッシングプレス

発行者　足立 亨
発行所　株式会社アダチプレス
〒151-0064　東京都渋谷区上原2-43-7-102
電話　03-6416-8950
email　info@adachipress.jp
https://adachipress.jp

NDC分類番号701　四六変型判　総ページ182

ISBN 978-4-908251-13-9　Printed in Japan